# Dánta Beaga
# Do Pháistí

## JOSH DOUGLAS

**Eagrán JOSH DOUGLAS**

# Blas le Dán Beag Do Pháistí.

*Is oidhreacht de chuid an Tiarna iad na leanaí.*
*Sholaimh.*

**Ag ullmhú** Féach
ann roinnt dánta beaga ullmhaithe ar mhaithe le
leanaí. Tá a fhios ag an cruthaitheoir go han-mhaith,
go bhfuil sé, más file, thall ansin Trí fíorbheagán clú
agus cáil a bhaint amach is féidir, ach a úsáidtear a
bheith chomh maith nach bhfuil cuspóir. Rinne sé
tagairt d'fhírinní úsáideacha dona amháin Mar seo i
rann aithris nach raibh siad thar íogaireacht linbh;
agus tá sí Mar an beag seo déanta, ar go bhfuil sí
ag níos éasca, Trí léamh amháin, bheadh in ann i
gcuimhne clóite a bheith, gan é sin Is gá a úsáidtear
a bheith, go raibh siad ag foghlaim ón taobh amuigh
tháinig; rud a bhfuil an déantóir go mór mar
chúiteamh air, agus sin ina theannta sin, singil Trí
léamh arís agus arís eile,

tarlú is féidir.

Níor thug sé aon chúis go dtí gur cumadh an
píosa amháin seo - go bhfuil clann dá chuid féin ag
an déantóir, arb é an t-aon sásamh agus an t-aon
sásamh is mó atá aige anois - gur féidir le duine a leithéid

píosaí inár n-easpa teanga tá - go bhfuil sé
sásta freisin do dhaoine eile atá
úsáideach - agus go bhfuil sé an Ard-
Ghearmáinis *Lieder für leanbh* WEISSE agus
an *Lieder für beag mädchen und junglinge* le G . W .
BURMAN d,e go leor pléisiúir, léigh tá; freisin
chun go mbeadh sí é go minic ar an crann
péine ar shiúl cúnamh, álainn sé i ndáiríre níl
aon cheann amach aistrithe, nó a glacadh ar
láimh.

Níl siad go léir oiriúnach do leanaí ceithre
nó cúig bliana, ach bhí sé seo ceart freisin ní
gá. Is féidir le fir tú féin a roghnú, a bhfuil na
cinn fear Ar a chuid leanaí ag iarraidh a
fhágáil léamh, is féidir freisin fear go tobann
a thabhairt faoi deara, nó Tuigeann leanbh
cad atá sé ag léamh ná a mhalairt.
Tá tástáil déanta ag Theauthor orthu go léir,
agus is féidir leis a chinntiú gur thuig a chuid
buachaillí beaga is sine - leanbh cúig bliana -
go leor acu, ar an gcéad nó ar an dara léamh;
agus mar sin coimeádann sé é féin cinnte go
bhfuil na píosaí seo go léir do leanaí, os cionn
na gcúig agus thíos staighre na deich mbliana,
inúsáidte. Chomh maith leis sin a cheadaítear
Itno dochar má anseo agus ansiúd tá an
aigne childish beagán deacracht le chéile,
agus thall ansin Trí go dtí a iarraidh agus
chun labhairt ag éirí excited.

Dá mba toil liom na focail seo a cheadú
agus torthaí á n-úsáid, chuirfinn anois
agus arís, le pléisiúr, duilleog ar an gceann
a thairgim dom faoi láthair ag mo Thíortha.
Is mór an uimhir, a dheonaím faoi láthair,
an comhar trialach a ghlacadh chuige sin.

# Ag beirt fhear beag daor

... An Chéad ar luaíocht A póg nó dhó.

## Ag beirt fhear beag daor

Féach ann, dingeacha milis! Cúpla píosa, Siamsaíocht
ann libh!
Agus jumps chuig do áit chónaithe,Ach... chéad ter
luach
saothair Póg nó dhó.

Tiomáinte ag grá Is mé a chanadh sí,
'S gur mian leat níos mó ann,
Is féidir leat a iarraidh.
Nuair a dhéanann sí le do
thoil Tagann hopping aimsir.

## *Tá sé luck childlike.*

Tá bréagáin, peann éadaigh, bainne agus arán agam,

Cliabhán le dul a chodladh.

# Tá sé luck childlike

Is leanbh mé le grá Dé,
Agus go dtí go chruthaigh luck.

An bhfuil grá mór;
Tá bréagáin, peann éadaí, bainne agus arán agam, A
chliabhán isteach ag a chodladh.

Tá mé i mo chónaí bhraitheann saor;
I leathair lust;
Níl a fhios agam aon imní fós. De réir a imirt
tuirseach,
Dúnaim mo shúile san oíche, Is codlaim go dtí amárach Ar an
gcrann péine.

Moladh go raibh Dia As a thaitneamh réidh As an oiread
sin fabhar! Mo chroí is mo bhéal Go n-éirí leis gach maidin
'S gach tráthnóna
Praghsanna.

# An phéitseog.

An phéitseog sin a thug m'athair dom, Chuige sin mé

leathair thionsclaíoch.

## An phéitseog

An phéitseog sin a thug m'athair dom, Chuige sin
mé leathar dúthrachtach.

Anois ithe mé sásta agus sásta. An phéitseog sin
cách Míthaitneamhach níos mó.

Baineann an cheerfulness leis an óigeThat
Léiríonn zig oideachais.
Tá an díogras, an bhua leanbhúil sin, ag éirí go
maith i gcónaí.

# An grá óige.

Agus téim ag léimneach lena thaobh', Chomh maith leis sin ná

siamsaíocht agus foghlaimíonn sé dom;

## An grá óige

Is é mo athair mo chara is fearr.

   Glaonn sé orm go bhfuil mé fós ina leanbh daor.
k Sábháil é, gan imní ar eagla.

Agus téim ag léimneach lena thaobh', Ach ní
siamsaíonn sé agus foghlaimíonn sé
mé; Ní féidir athair níos fearr a bheith ann!


Bím uaireanta dána uaireanta, Ach má bhíonn aithrí
ar mo leas, Bogtar
croí a athar ansin, Ní labhrann a ghrá ach magadh, Is
fiú, nuair a chaomhnaíonn sé mé, Ná feicim deora i
súile.


Is tré easumhlachd is cóir dhom, Ná déanamh, go
gcloisfinn m'athair;
An ndéanfainn osna air agus gearán a dhéanamh; Ní
headh, má dheanann m'óglach, Is tuitim gan mhoill
'na chois,
'S ar Dhia do mhaitheamh d'iarraidh.

# *Alexis.*

Ach má tá sí ar, go pleases sé, Ar a son, go

imirt le, iarrann,Than ag éirí Go cine grá
laghdaithe;

## Alexis

Is breá le Alexis a dheirfiúracha,Nuair a bhíonn
sí i
síocháin chun cónaí; Glaonn sé ort féin
gur aoirde í, Má thabharfaidh sí a cuid bréagán
dó. Ach má tá sí ar, gur aoibhinn léi, Ar a son, a
imirt léi, fiafraíonn, Ná mar atá ag éirí Go cine
grá laghdaithe; Agus má choisceann sí air a thoil
a dhéanamh, ná bíodh an ghráin aige ar fad beagnach.
Freisin an bhfuil sí tríd é ag go leor,
Nuair a bheidh sí thuas é Trí tá duine ag éirí le
moladh.

\*  \*  \*

A ghrá, Go bhfuaraíonn an cine seo,
A fhéachann go holc ar a bhuntáiste féin, Ar
mhaith an grá díreach a bheith?

# An saibhreas fíor.

Cad is saibhreas ann ar aon nós? cad is onóir?
Is mó i bhfad níos mó cara Dé;

# An saibhreas fíor

Ná taitníonn airgead ár n-aigne óg, Ach
beannaitheacht agus buadh.

Is í an eagna an mhaith is gá; Tá sé jewelry ag an
óige.

Cad is saibhreas ann ar aon nós? cad is onóir?
Dornán láibe neamhní.

Is mó i bhfad a bheith i do chara le Dia; Go bhfuil grá
ag Íosa, saibhir.

Targaimid ar chosa ár nDé,Chun buadh agus
naofacht:

Seo mar a éiríonn ár n-aigne óg ar thalamh Deich
neamh ullmhaithe.

Ansin gheobhaidh muid a stór daor, Sin riamh
bás arís.

Ansin siúilimid ar chonair an bhua,Agus cuirimis
fearg air.

### *Tá sé cheerful a fhoghlaim.*

Fonsa mianach, malartán dola mo phrioctha I ar
leabhair;

**Tá sé cheerful a fhoghlaim**

Tá mo sheinm ag foghlaim, tá mo chuid
foghlama ag súgradh,Agus cén fáth go
bhfoghlaimeoinn leamh?

    Cuireann léamh agus scríobh spraoi orm.
Malartaím mo fonsa, mo bharr pricking le
haghaidh leabhar; Is mian liom i mo phriontaí
mo chaitheamh

aimsire a chuardach, Is eagna í, buanna í, Mí-
thaitneamhach cé na cinn a chugaim.

## *Is trua é.*

An té a fheicim go deo ag caitheamh an
bhróin, k Braithim thar a gceann freisin.

## Is trua é

An té a fheicim go deo ag caitheamh an bhróin,k Bíodh
 sé ag mothú thall ansin freisin.
Ní dhúnaim mo chluas dá chaoineadh, Ach Cuidigh
 leis más féidir liom.

Chun fear a ardú faoi bhrón, Is fiú do na páistí
 milis.
Cé atá in ann magadh a dhéanamh leo siúd atá ag
 caoineadh, a léiríonn drochintinn.

An ndéanfainn lúcháir ar shlí eile? Bheadh k
 ag gáire i bhfuil cliste?
Ó ní hea, is mór an trua na n-oireann Ar mo pháistí
 croí.

Beidh mé ag caoineadh ansin le brón,
 Iad a consól ina bpian.
Chun cabhrú iompróidh duine eile ualach, Beidh áthas
 mianach.

# An tionsclaíocht.

Ba mhaith le mo ranganna a fhoghlaim mé,

# An tionsclaíocht

a chodladh fada ar maidin, Ag méanfach agus ag
méanfach,
   Shuigh gránna don leanbh. A bhfuil i gcónaí a
thuiscint go leor,Agus teanga dÚsachtach ag iarraidh
a bualadh
bos, Is annamh a fheiceann zig grá.

An gcaithfinn mo chuid ama Ar mhíle trifles?

   Ní bhainim leas as sin. Is mian le mo ranganna a
fhoghlaim, Is ómós do
mháistrí mo mháighistir, Nár éirigh
liom fear.

# *An scáthán.*

Ag iarraidh a fhios, Cé mise,
Ansin caithfidh briathar Dé a bheith ar an
scáthán, Nuair is eol dom mo chroí.

# An scáthán

A bhreathnaíonn i gcónaí sa scáthán, Agus zig de
   flatters áilleacht;
Ná tuig an fíor-áilleacht, Ach sealgaíonn sé íontas míthaitneamhach.


Déanann an ghloine seo bród orainn, nó cuireann sé pian orainn;
   Ba mhaith liom a fhios, cé mé,
Ansin caithfidh briathar Dé a bheith ina scáthán, Cá háit
   Tá a fhios agam mo chroí amach.

## gearán ag na daoine beaga crann péine William.

Ach! tá mo dheirfiúracha básaithe

## gearán ó dhaoine beaga crann péine Is deirfiúracha iad William atá ar na mairbh

Ach! tá mo dheirfiúracha bás,

gan ach ceithre mhí dhéag d'aois. k Chonaic í
marbh sa bhosca bréag:

OH bhuel cad a bhíodh mo dheirfiúr beag
fuar! k Glaodh uirthi add: mo stór Sissy!


Sissy! Sissy! but for not.Ah! tá a súile
Dúnta;

Caithfidh mé gol le brón.Ba mhaith liom i gcónaí
a bhrón,

ag scaipeadh bláthanna ar a huaigh: ag
gol Ar na póga smaoinigh,

Gur mise thug cailín daor.
Amárach déanfaidh mé - ach domsa is baolach
bás mór.
Inné d'imir sí liom; inné fós! agus anois - marbh
cheana féin!

*Tá sé bronntanas.*

k An bhfuil tú tog Mar seo milis má sé

A mháthair daor! féach rós ann Le do Choosjen, agus tú lá
   breithe inniu.
Chan mé ar maidinAgus léim: Mar seo atá
   ag teastáil I Am freastail míthaitneamhach.

Ach nach féidir liom rainn a thochailt,Ní foláir dom
   dúnadh Do mo dheartháir san fhilíocht.
Tóg ansin é, a mháthair! olc an rós seo Le do Choosjen, k An
   bhfuil tú
   tog Mar seo milis má tá sé.

# *Claar Beag.*

Fáilte a dheirfiúr bheag!

Fáilte romhat i do chónaí!

# Beannacht Uí Bheaglaoich romhat
## Claar dá deirfiúr beag

Fáilte a dheirfiúr bheag!

Fáilte romhat i do chónaí!

báicéir! ní féidir liom póg a bheith agamAt mo dheirfiúr beag

Tabhair.


Ar mhaith leat a chodladh? O a cailc!

Is cinnte go n-imreoidh sé í.Amárach, má dhúisíonn sibh,

An imrímse

daoibh.


Suaimhneas síoraí, ansin fásfaidh tú suas; Foghlaim tog go

luath siúil!

Nuair a shuíonn tú ar lap na máthar, an bréagán a dhéanfaidh sí

cheannach.


Ó! Tá Mamatjen Cosúil le seo!

Gach rud ba mhaith léi a thabhairt,

Más rud é amháin a leanaí milis Agus ar son na síochána go

beo.

### *An díomhaointeas.*

Guigh, foghlaim, scríobh, léamh, Tá am ag imirt, ag obair.

## An díomhaointeas

Ní gá dom a bheith folamh choíche; Gach rud a dhéanamh de
   lust agus dúthracht.
Guigh, foghlaim, scríobh, léamh, Tá am ag súgradh, ag obair.


Ní féidir le máthair daor a ghlacadh i bhfad ach an oiread,Go
   bhfuil an t-am a ndearnadh faillí orthu ag éirí.
Is é a bheith leisciúil, a deir sí, am a ghoid,Agus sinne
   chun cónaí mar seo gearr!

***Déanann sé doggies.***

_ is féidir le Beast Cosúil le seo a shásamh areWhat fan fear nach liom!

**Déanann sé doggies**

Cé chomh buíoch is atá mo mhadra beagAr chnámha beaga agus cén t-arán!

Buaileann sé a eireaball, siúlann sé thart, Agus léimeann sé ar lámhaigh mianaigh.

Tugtar feoil is arán is fíon dom,Agus is minic a thugtar milseacht:

Ach an féidir le beithíoch a bheith chomh buíoch, Ná fan liomsa!

## *Tá sé briste gloine.*

teacht Keesje milis! grá ar cailc,

# An ghloine briste Aon scéal

Bhí gloine briste CornelisAr an tsráid.
Cé gur bhain sé na píosaí, ní raibh a fhios aige comhairle.

Bhí eagla air bréag a dhéanamh, fad is a
fheiceann Dia é: 'S an gceilfeadh sé ar Mhamaí anois, Ní
fhéadfadh sé sin.

Sheas sé dismayed agus bhog sé, An mháthair
thagann:
Feiceann sí na deora ina súile, Scairt sé
dumbfounded.
An bhfuil Keesje, a dúirt sí, cén oilte?
Cad a shábhálann ann Ar?
'Is breá liom,' a dúirt sé, a mháthair! i nóiméad Aimsir
feargach déanta.

Nuair a bhí sé ag obair ar palettesBee sé fuinneog a bhí.

D'eitil mo *bhológ* , trí na roicéid mhóra, Thall ann i ngloine.

Ach mura ndéanfaidh do Keesje é dá shaol arís, Ba
mhaith leat a logh dó,Tá tú Mar an Maith seo!

Tar leat a stór! stop a chalking,Dúirt a mháthair nuair: Níl
mé ag iarraidh an milleán a chur ort as an botún sin,Fuair sé
póg.

Cé atá ag iarraidh i gcónaí an fhírinne a labhairt, Tá
ag éirí go maith luach saothair.
An té a lorgaíonn bréaga dá lochtanna,Ní athraítear
go deo.'

# *An reiligiúin.*

Conas a sheasann Nice dom an fleasca seo!

# An reiligiúin

Más rud é san earrach
daor Na bláthanna a mhaisiú an pháirc, Ansin
roghnaigh mé bachlóga róis, Violets, sweethearts
maighdean, luibh líomóid agus lilacs.
Ansin fíodóirim fleasca, Agus caithim An onóir sin ó
Dhia, Go
maire mé é Agus bláthanna
bronnta.Is mise a chanadh: Rí na bhFlaitheas!

Déanann tú violets a fhás, Le rósanna, maidíní, luibh
líomóide agus lilacs, Le míle míle
bláth; Is leatsa cumhacht agus grá Ag leanaí ag seó.


Cé chomh hálainn a fheictear na fleasca seo orm!
Ah ná déan dearmad dom
go bhfuil ag éirí leat fás!

# *An giorria.*

Féach Pietje! cuma, An giorria,

## An giorria

Féach Pietje! cuma! An giorria, O Go bhféadfadh
a leithéid siúl go luath!

Ní hea, ars' an Pete cliste, Is mian libh A
choiníní, ní fhéadaim :

k Ba mhiann liom imtheacht go mall, 'ná é
cheannach marbh-chrainn péine.

\* \* \*

An té atá le moladh i gcónaí As cumais
Go bhfuil aige

Beo go sásta agus go buíoch, Is féidir bronntanais a
chaitheamh go maith.

Ach an té a bhíonn ar a ghlúine i gcónaí Agus
cad ba mhaith leis a bheith

ann, Fiú an rud a chailleann sé, Gur mó a léigh
mé uair éigin.

# *Scéalaíocht le Dorisje.*

D'ól muid seacláid, Agus rinne céad a iarraidh.

# Scéal amháin le Dorisje

Bhí muid le déanaí le *Saartje* , Ár sean-bháicéir maith,
Cé atá in ann scéalta fairy a insint. D'ól muid seacláid,
Agus rinne céad a
iarraidh.

Sa deireadh *dúirt ár Saartje* : Bhuel anois, a mhuintir! Is
eol duit na ceithre taoide, Cad is fearr leat dó?

Ansin *dúirt mo dheirfiúr Mietje* mo            , Is é an t-am sin
chroí, Nuair a Bhláthann na crainn.
Ansin gheobhaidh tú bláthanna áille, A bunches ag agus
leacaithe.
Ansin feiceann duine míle éanAr craobhóga glasa le
canadh.
Nach bhfuil sé sin san earrach?

Geimhreadh, a chara *Saartje !* Dúirt *Pietjen ,* is fearr,
Ansin cloisimid,Agus ólann sé seacláid, Nó ithimid vaiféil
tiubh.

Ní hea, is fearr liom an samhradh a dúirt      , ansin tá sé
*Keesje* fair.Than hoof not at learn.

Ach dúirt mé, tá sé Is Fearr
Má tá an chuid is mó de na torthaí aibí.

Ansin tá sé go maith a Léim. Ansin caithfidh tú aibreoga,
Agus plumaí, agus silíní morello, Agus péitseoga agus
piorraí:
Agus nach bhfuil sé sin san
fhómhar?

Éist, a pháistí, arsa *Saartje* , Ní foláir don gheimhreadh
na páirceanna is na gairdíní a dhéanamh torthúil.

Ní mór amháin a prune na crainn; Ní mór an pháirc a
ramhrú; Sin a dhéanann fear sa gheimhreadh crann
péine.
Caithfidh na crainn a bhláth, Chun torthaí a thabhairt
dúinn; Sin á dhéanamh aici san earrach.
Caithfidh na torthaí fás; Déanann siad é sin sa
samhradh. Caithfidh duine na torthaí a bhaint amach;Sin
fear san fhómhar.

Is gá mar sin daoibh, a pháistí daor! Moladh críonna
Dé i ngach séasúr, Agus slán faoi shíocháin.

# *Íosa.*
## *Cuid gutha.*

Is cara leanaí é Íosa!

# Íosa
# Píosa amhrán Claar Beag agus Johnny

**ag le chéile.**
Is cara linbh é Íosa! Is mian linne go ndéana sé trócaire. Thóg sé leanaí ina arm: Is cara leanaí é Íosa!

**CLAART AMHÁIN .**
Ó, an raibh Íosa fós ar an talamh! Go gairid eitil mé Míthaitneamhach é a.

**JANTJE amháin.**
Ah a úsáidtear a bheith Íosa fós ar ithir! k D'eitil tú Íosa míthaitneamhach chuig. **ag le chéile.**
Mac Dé! a mhaireann go deo! Éist linn impigh, Agus maitheann Ár dána agus ár lochtanna! Mac Dé! a mhaireann go deo! Beannaigh ár n-óige, agus tabhair, Go labhraímid go minic TÚ!

# *An barr ar snámh.*

Ná ritheann mianach barr snámh riamh
gan rath;

# An barr ar snámh

Ní ritheann mo bharr ar snámh gan buille; Toisc grá
agam ar, ná ritheann sé nach bhfuil. Tá sin agam
cheana chun brón a bhualadh, 'S do
bhréagáin eile d'iarraidh.

Ach nach bhfuil sé mar an gcéanna le Flipje? Tá;
Ní raibh eagla orm riamh roimh bhuillí, k Is annamh a
léifinn mo leabhair, Is
cuireann sin brón ar athair.

Náire caithfidh mé foghlaim ó bharr sníomh, A bheith ag
obair go dúthrachtach gan brú. k Ag iarraidh, go dtí
mo phionós, mianach saoil

Uimh bréagáin eile fonn chun dul.

# An crann pluma.

Tá plumaí lán hata ag Johnny,

**An crann pluma Aon tráchtaireacht** Chonaic
Jantje plumaí ar crochadh uair amháin, O! má
Uibheacha Cosúil le seo mór.

Bhí an chuma ar an scéal go raibh Jantje ag iarraidh dul ag
piocadh, is álainn an rud a chuir cosc ar a athair.

Seo é, a dúirt sé, ná m'athair, ná an garraíodóir,
a fheiceann é: Ag crann, Mar an lán seo lódáilte,
ní chailleann

duine cúig sé pluma. Ach ba mhaith liom a
bheith obedient, agus ní

Pioc: siúl liom. An mbeinn, as dornán prúnaí,
easumhal? Níl.

Adeir Jantje: ach a athair, Go d'éist sé go ciúin,
bhuail sé leis agus é ag

siúl os comhair an chosáin lár. Tar, a Johnny
bhig, arsa an t-athair, tar mo leanna beag!

Anois roghnóidh mé plumaí duit; anois tá athair
Johnny milis.

Ansin thosaigh Papa ar chroitheadh, Johnny phioc
suas go tobann

ar; Fuair Johnny a hata lán de phlumaí, agus shiúil sé
chun ar An gallop.

# *An bhacach.*

An té a bhreathnaíonn air le hiontas, Ná hordaigh
Íosa go Neamhthaitneamhach.

## An bhacach

An fear malluighthe sin 'n-a shuidhe beagnach
nocht, 'S ar crith le fuacht, ag iarraidh imeartha
orm, Is maith é le beagán, má thug Dia eagna
dhom féin

amháin Is mó airgid 'ná é. Ben I ná níos fearr?...
Níl.

Caitheann fear pious agus macánta go minic éadaí
salach, ba mhaith liom ná freisin an bhua i daoine
bochta onóir.

An té a bhreathnaíonn air le hiontas, Ná hordaigh
Íosa go Neamhthaitneamhach.

# *An cairdeas fíor.*

Is annamh a mholann, a labhraíonn
teanga chara.

# An cairdeas fíor

A cháirde a thaisbeánann mo lochta dhom, Ag
trom-phionós, is nár ghabh mo leithsgéal, Tá mór-
chumhacht ar mo chroidhe: Ach an croidhe íseal
a bhíonn ag maoidheamh i gcónaí, Amhras orm
tré uathbhás, Is
feidir liom nach ngéibheann do láthair.
An té a mholann go hannamh, labhraíonn sé
teanga chairdiúil. Go flatters i gcónaí luíonn, go
minic.

Seirbheálfaidh sé síol.

*David*

# Ag ullmhú

Táim i bhfad ró-íogair faoin fháilte fhabhrach a *thugann mo chuid dánta beaga do pháistí* le mo chomhghleacaithe, ná mar a bheadh mo lúcháir agus mo bhuíochas, mar gheall air seo, gan cur in iúl go hoscailte. Na dearbhuithe ó bhéal agus i scríbhinn ar an sásamh a bhain mo shaothair uirísle seo, is minic a chuaigh mé i gcion go láidir; Is ea ar a dtugtar go minic mé beacha ócáidí den sórt sin amach: *Deora sreabhadh ó mo shúile , A pháistí a chara, má iarrann tú dom níos mó filíochta.*

*Ach! mo chroidhe chomh bog, Beannaigh Dia, a mhaireann go deo , Go dtuga sé mise An t-áthas!* Dá bhrígh sin ní mallacht, ná táimhe bhí, Is mise a d'aistrigh dul chun cinn an tsaothair seo le fada. Cad ansin? - éagumas mór, a chairde! Mar fhile go háirithe, ní féidir liom oibriú nuair is mian liom; agus chomh luath agus a bhfuil mé féin chun bhfeidhm, casadh gach rud amach go dona. D'fhan mé ansin, go dtí gur bhuail mé arís sa riocht sin, ina ndearna mé mo chuid féin den chéad uair; agus is é toradh na n-uaireanta sin, a thairgim anois arís dár bpáistí; i gcarn go mar an gcéanna ar feadh beagán Cosúil seo a bheith cheadaítear le do thoil má tá an chéad.

Bhí smaointe fada mianach a bhí agam a fhágáil chun dul, agus fiú amháin acmhainní fostaithe, le roinnt pictiúir ealaíne leis na rannta naíolann freisin, nuair a dúirt an     , amháin agus ar shiúl     , tUasal ALLART Díoltóra *leabhar ag Amstardam* , chun thar ann go dtí go pléisiúir mianach pas a fháil. . Rachaidh na pictiúir faoi mo mhaoirseacht Péintéir J. _ BUYS sínithe, agus ag an Heeren PUNT agus VAN DER MORE a bheith greanta; is féidir a scil a fheiceáil sna pictiúir mhíne d'fhables Gellerts; a pictiúir a haon, Cosúil leis an tobar seo más rud é That fables, Ar ár n-óige Ollannach ní leor a mholadh.

Socrófar na pictiúir seo chomh híseal agus is féidir, agus beidh na rainn, áfach, ar fáil ar leithligh. Is mian leo, áfach, a imíonn ón gcéad chló is fearr a cuireadh ar fáil, a gcuid díoltóirí leabhar beacha,

nó an bheach JOSH     , ag *Amstardam*     , nó DOUGLAS bee the WED . J. V. JOSH DOUGLAS, *anseo* sonraigh a gcuid ainmneacha; an chéad priontaí a dhéanamh chomh luath agus is féidir, a bheith Seachadta.

Slán a chairde, a chairde! agus a bheith árachaithe, go lt me i gcónaí An íogair beidh sé áthas a bheith in ann a dhéanamh

rud éigin le húsáid nó le siamsaíocht duit féin
nó do do leanaí a inflict.

\*   \*
  \*

Ní mór dom a chur in iúl anseo go bhfuil

fáthanna ann a chuireann iallach orm, gan aon

chóipeanna m.sh. ag admháil, ná Gur Trí na

clódóirí atá an ceann seo sínithe go láimh
bhfuil.

*the Wed J le JOSH DOUGLAS*

# *Lottie agus Keesje.*

Cén mhaith é go bhfuil tú uaigneach i An nook suí, agus gearán.

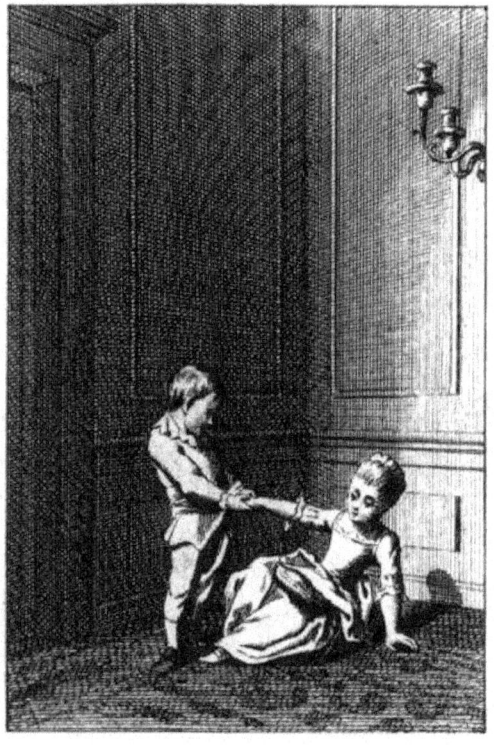

# Lottie agus Keesje

**KEESJE**

Abair liom *a Lottie* milis ! cad é
    an chúis, go gcloiseann tú:Hebtge do mhála lúibín
caillte, nó briste, a chailín?

**LOT**

Nach gcloisfinn, *a Keesje* a chara ! mháthair mhilis níor
    shásaíodh mé Le mo
chuid fuála oh! chonaic sí brón agus brón orm Ar.

Sea fiáin sí liom gan póg, Mar seo má dhéanann sí a
    mhalairt i gcónaí.
Fiach dom! ach! go bhfuil a leithéid de mháthair go dtí mo
    ní mór caoineadh dána.

**KEESJE**

Cén mhaith é go bhfuil tú uaigneach in An
    nook suí, agus gearán. imigh,
    tabharfaidh sí maithiúnas duit, má
    iarrann tú athrú.

**LOT**

An ndéanfaidh tú idirghabháil ar mo shon ansin, a threoraí:

**KEESJE**

Sea cinnte:

Nach labhrófainn ar *son Lottie* , Sin mo dheirfiúracha,
a chara.

Ach ní gá dhuit idirghuí, má thiteann thú a mháthair
ar chos,

An maithfidh sí duit, a Mháthair, go cinnte
tusa, atá Mar an Maith seo.
Léigh Yeastren sí dúinn araon, go
maitheann Dia an chiontacht freisin: k Bíodh a
fhios agat, beidh sí soiléir athrú,
thar ann tá sí a leithéid de shampla.

# An tsláinte.

An té nach mbíonn a dhóthain dá bhéal aige, Is
annamh a bhíonn sé suairc is sláintiúil.

## An tsláinte

Is stór iontach í an tsláinte Chun a bheith sásta
beo.

Cé go raibh saibhreas mór agam, Cad é an tairbhe
a dhéanfadh sé,
Mar sin, mé féin gnathach le h-eagla 's le pian,
Mé féin go mb'fheárr ualach.

Ach an nglacfainn comhairle m'Athar Nach
dúthrachtach i gceist?
Agus gluttony agus farasbarr Ní sheachaint agus
dearmad?
An té nach mbíonn a dhóthain dá bhéal aige, Is
annamh a bhíonn sé suairc is sláintiúil.

# Buachaill beag agus Keetje.

Foghlaim anois ar dtús, ná muid a imirt.

## Buachaill beag agus Keetje

### CLEAR

Ag obair i gcónaí, ag léamh i gcónaí, Caithfidh
sé sin a bheith brónach:
    An é sin an fáth a bhfuil duine ina chónaí?
Greannmhar Keetje! ag imirt anois; Ah! caithfidh an t-
am a bheith leamh Serve ye On your masters gives.

### KEET

Ná bí ag obair, ná léamh, i gcónaí i ngáirdín na
gcrann péine, An é sin an
    fáth a bhfuil duine beo? A chailín bhig, stopaigí
ag imirt;Ah! caithfidh an t-am a bheith leamh,
Serve ye On your bábóg thugann.

### CLEAR

Uaireanta ag súgradh, uaireanta ag léamh, Sin
mar is fearr é, Keetje sweet! tar
imirt orm.

### KEET

Is cinnte go mbainfidh sé leat. Ar at to hold by It
to play:
Foghlaim anois ar dtús, ná sinn a imirt.

\* \* \*

Bhí géarghá níos mó ag Keetje leis seo

arsa,
Nó Bhí a bábóg curtha in áirithe ag buachaill
beag, náire.

# *Fuair sé amhráin.*

Cén Amhrán milis agus deas!

# Fuair sé amhráin

Fuair mé díreach tar éis an píosa seo de Charn páipéir a léigh mé is féidir.

Scríobhtar thuas: Conas! ...

## AN FEAR TABHAIR

Tar, a pháistí, suigh síos liom.k Shall you An songs to give.

Is mó i bhfad an sásamh ná mar a
  meastachán i seo le maireachtáil.

Cé gur beag atá agam, tá mo dhóthain agam; An ndéanfainn
    Fear éad crann péine,
A chaith i gcónaí éadaí álainn, Ach trom
    bhí pian le fulaingt.

Coinníonn obair i gcónaí mé sláintiúil agus tapaidh
    ag comhlacht agus baill.
Dúisím ar maidin Refreshed agus go maith faoi shíocháin.


An t-ocras a dubhairt mé fá seach, Is mó go fonnmhar dhom
    ithe, 'S dá mbeinn
ag bord an ríogh, B'fheárr liom bheith lá 'na shuí lá.


Tá mé go minic uisce amach foinse De blas níos mó
    ar meisce,

Ná mar a d'fhéadfadh an fíon a thabhairt dom riamh, Doirt cupáin
Bee isteach.

Agus tá an lá imithe thart, Féach mé Tráthnóna crann giúise ag
ardú, Ansin
cuirfidh mé amhrán orm, Dia ag praghsanna.

Anois a chlanna a stór, mairígí mar mise, Go ndéana sibh
gairdeachas i mbeannacht Dé!
Abair go raibh maith agat gach nóiméad, a bhfuil go leor agam
fuair!

\* \*
\*

Cad amhrán milis agus milis! Conas is áil leat
agus buaileann sé liom.

Go bhfoghlaimeoidh mé maireachtáil mar seo, a dhuine shásta! dá
sibh.

# *An uaillmhian maith.*

Ní féidir liom
dearmad a dhéanamh, ach ní tharlóidh sé.

**An uaillmhian mhaith One gearán ag**

**Daantje** Ah me! Tá mé brónach,
chaill mé an duais Freastal a gheall an t-
athair milis, Dósan is fearr a
d'fhoghlaim. An leabhar sin le pictiúir áille,
As ribíní síoda glasa, An rud ar mhian liom
a bheith faighte anois ag Johnny; Toisc
go bhféadfadh sé a bheith ag scríobh is
fearr, Agus is tapúla a bhí sé in It read.

Sea ar na cártaí d'fhéadfadh sé Na tailte agus na
haibhneacha, Na farraigí agus na
bailte, Is tapúla ar fad a fháil.

Ach an mbeadh éad orm,Agus anois níos lú fós ag
foghlaim?

Ní hea, molaim a bhronntanais, Agus é ag níos mó
grá.

Ach moille freisin, Duais oinigh na gcrann péine ag
buachan, A gheall
an tAthair arís.k Ag iarraidh ná a laghad a imirt, Ba
mhaith liom cad is giorra a chodladh, Agus dúthracht
níos airde a
chaitheamh Ag éisteacht na
gceachtanna, A thugann mo mháistrí me.Bí ag imirt
an iomarca Trí chodladh ró-fhada, Ag breathnú thart,
Nuair a bhí orm aird a thabhairt Ar chaill mé praghas
an chrainn péine.

An leabhar sin le pictiúir áille, Le ribíní síoda
glas Has Johnny that got!
Ní féidir liom
dearmad a dhéanamh, ach ní tharlóidh sé.

# *An fear faire.*

Ar eagla go mbuailfinn crann péine,

# An fear faire

Ar cheart eagla a chur orm roimh an gclochar, O! Go cróga daor
   fear

Déanann sé mo scíth éasca Agus freisin sábháilte a chodladh
   féidir.

A mháthair daor! Creidim go daingean Go n-oireann sé ar an
   thieves.


Glan siúlann sé an ghaoth is an bháisteach, tá sé ag éirí

   tuirseach a chanadh riamh: Dia mhaith!

tabhair do bheannacht dó, Ach tá mo shúile dúnta. Clapper a

   chara! Is breá an fanacht Téim a chodladh: oíche mhaith!

# *Claasje agus Pietje.*

Fág teacht, más féidir leis.

# Claasje agus Pietje

### AICME

Pietje, más rud é nach bhfuil tú ag iarraidh a bheith go maith, Than dealraitheach an fear dubh.

### PEITE

Mar sin féin, is bréag é sin! Lig dó teacht más féidir leis. An té a chreideann ina leithéid de fhear, Goideadh é trí aigne.

### *Amhrán gheimhridh.*

Ach! cé mhéad míle duine a bheith acu Cosúil le seo a lán de stoc nach bhfuil.

## Amhrán gheimhridh

Feicim na duilleoga buí ag titim, de chrann giúise is
samhradh a dhéantar:
Agus an caoineadh sneachta agus báistí ag fógairt dúinn
geimhreadh crann giúise Ar.

Ach! conas a vibrate dom na baill, k Walk
Unpleasant it nooks ag teallach crann péine; Athair rá: i
den sórt sin
Feidhmíonn fuar ann
adhmad ná móin a shábháil.

o Tá an oiread sin stoic againn le haghaidh skimp crann péine le
linn an gheimhridh;
Chuir siad éadaí te do Pine orm ansin
snáitheanna crann saor ó sioc.

Piorraí geimhridh, cabáiste, agus úlla im, feoil, Sea cad
nach bhfuil cheana féin, Cheana féin
inár n-íoslach, go mbeidh orainn Blasanna blasta.

Go mbeinn buíoch anois, faoi mo shonsa sásta
lot ;
Sea ba mhaith liom maireachtáil obediently agus buíochas a
ghabháil leat, Dia maith!
Sea Ba mhaith liom smaoineamh an t-am ar fad má tá an
fuar dom brón,
Ah! cé mhéad míle duine a bheith acu Cosúil le seo a lán
de stoc nach bhfuil.
Sea, ba mhaith liom roinnt airgid a shábháil agus cad trí
raidhse mianach

Ag Leanbh bocht a thabhairt,
go gcaithfidh caoin ocrach.

# *Dia maitheasa.*

Dia maith, sin an áit a dtiteann an bháisteach tír díhiodráitithe é:

## Dia maitheasa

Is maith Dia, sin an áit a dtiteann an bháisteach Ar
an talamh pár: Athair folcadh dá leithéid Beannacht
gan
bháisteach,
Abair nach bhfásann luibh ná planda.

A bhraon, titim go talamh! Tuitim i líonmhaire móra,
    Óir ní'l luach mar
sin dár n-ithir.
    Ceistíonn Dia sinn: Tá Dia Maith!

## *Dia eagna.*

Tá Dia críonna, go dtaga an bháisteach mhín sin anois:

## Dia eagna

Tá Dia críonna, an bháisteach mhín sin Ag gabháil
   anois air:
Is féar craosach Do gheóbhadh an méid sin arís, Dá
   bhfásfadh sé 'ghá bhéadh.

Thit ann cheana ag báisteach throm,
   Ní fhacas ariamh grian, Ná ní b'fhaide go
mbeannacht, Ach go dtí go
bhfuil gortú againn.

Is críonna Dia, an bháisteach mhín 'S an aimsir 'na
   coinne: an talamh
borb Is iomdha sin anois, Dá bhfaghadh Dia an
   eagna.

# *An retaliation fial.*

k Déanfaidh sí trí mo shólás a thabhairt,

# An retaliation fial

An gcroinfinn mo dheirfiúr? Mar sin is mé féin í
nach breá?

An labhrófainn tinn fúithi? Ní dóigh liom: is í An
leanbh!

Bhéarfaidh mé cuid de mo chuid maith di Ná fíonchaora,
ná an piorra, Ansin cnó coill
sé seacht, Agus nuair is mian léi, níos mó fós.

Buailfidh mé a croí le grá, Is tog aon leanbh urchóideach;
Mar seo is fada liom
a grádh, Go dtí go dtuga sí grádh dom chomh maith.

## Tá sé tinn leanbh.

Cinn mianach! ach! Déanann sé Cosúil le seo an-!

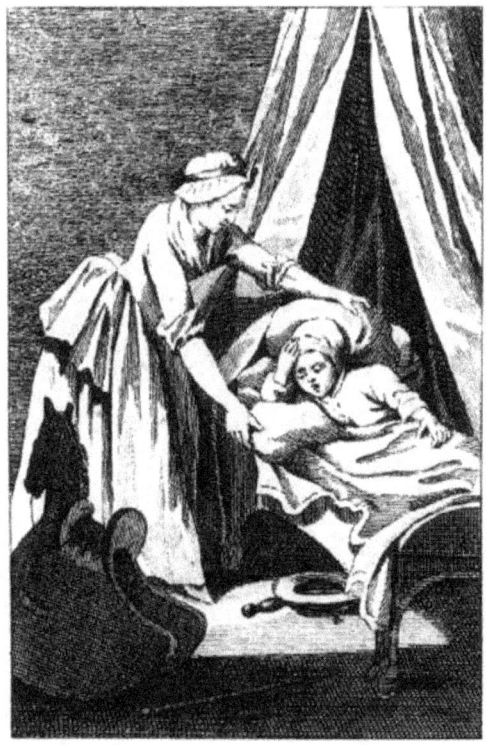

## Tá sé tinn leanbh

Mo chinn! ach! nimhneach sé an oiread sin! Is cosúil le
An cloven; Ní
chuireann aon chapall rocach amú orm níos mó; Agus
fiafraíonn an fear álainn, cad is mian liom náire
liom é a ithe is blasta.

Cé nach luíonn leanbh ar bith chomh híseal liomsa, Is í an
tsíocháin a ghlac mé.
Agus codail mé uair éigin Nóiméad, Ná bím im
dhúiseacht d'eagla Trí bhrionglóid ghránna.


Anois táim ar dtús, tré n-easnamh orm, Go dtiomáint
buidheachais: Anois
mothaim, acht le brón, Cé mhéad atá d'fhiachaibh ar
Dhia, Dá leigfeadh an duine slán beo.


Ach ó! go bhfuil Dia maith i gcónaí;Ba mhaith liom
anois bheith sásta, 'S cé
go gcaithfidh mé pianta a fhulaingt, Foighneach abair:
Is maith Dia!
Is féidir leis an aimsir a leigheas.

# *Is sampla maith é.*

Tar, a stór, go mairfimid go dtí a chéile
fóntais agus áthas!

# Is sampla maith é

Cónaíonn Athair lenár máthair i gcónaí sásta agus sásta,

O mar a mbíonn grá acu dá chéile, ná gríosaigh sí riamh
má táimid.


Léiríonn rud amháin a mhian, ná a rá
an ceann eile: Is maith sin!
Is fearr máthair má dhéanann sí rud éigin don athair.


Déanann Athair iarracht i gcónaí fios a
bheith agat cad é mian na máthar; 'S ní bheidh sé
leamh di,
tugann brón ar athair.

Thug Athair an phéitseog is fearr
go deireanach don mháthair le póg; Is mian leis
nach ag ithe duit féin: a
bhuachaill, an ndéanfaimis é seo?

A dheirfiúr is ionúin, a bhráithre is ionmhuinn O
Síneann sé sinn go dtí an mhasladh, Gur minic a
dheinimíd an sgéal so;
OH bhuel níl a fhios agat conas is brón orm.

Tar, a stór, go mairfimid go dtí a chéile fóntais agus
áthas!

Lig dúinn iarracht a leanúint aithreacha grá agus
máithreacha bhua.


Is féidir le grá amháin cónaí, thall níl ann ach
maireachtáil go milis,
Nuair a dhéanann duine, sona gan srian, gach rud dá
chéile.

# *Pietje agus Keetje.*

PIET .

Bhuel: Tá ceithre phrionta deasa
agam, KETTLE .

Mé dhá ribín,

Maith léi, go díreach buille faoi thuairim mé.

# Pietje agus Keetje

### PETE

Tar, mo dheirfiúr milis, Tabhair dom póg, Ol táim Mar
seo i mo shocrú!
Chuala mé ó mháthair, Go dtiocfaidh *Camie* leis an
scoil, Ní'l aon duine sásta dá
mbeinn.

### KEET

Ansin déanaimis smaoineamh ar rud éigin,A thabhairt
Ag an gcailín is gránna sin.
Má táimid ag insint di ach rud éigin.Agus aon gníomhais a
ghabhann leis An
bhfuil sé aon cheerfulness díreach.

### PEITE

Bhuel: Tá ceithre phrionta deasa agam,

### KEET

mé dhá ribín,
Maith í, go díreach buille faoi thuairim mé.

### PETE

Taitneoidh sé léi, pé beag é, Ó shin i leith ní gá di
fiafraí, Nó is beacha sinn ach caint.

# *Tá sé foighne.*

Chonaic sé seo go deireanach mé inár cat,

## Tá sé foighne

Is bua den sórt sin í foighne i Tasc deacair

An bhfuil súl bán le déanamh; Chonaic mé seo inár gcat an lá eile, Go raibh tumadh uair an chloig fada tuirseach, Chun an
francach ag lurk.

Ní dheachaigh sí go dtí go raibh an francach, gafa, ina crúba.

# *A óige reiligiúnach.*

An té a bhfuil grá ag Dia dó atá ag éirí mar leanbh;

## Déanann óige reiligiúnach An t-ádh seanaoise

An té 'na h-óg Do bhuail cosán de bhua,
'S déanaigí fan go bráth go breacadh an lae.


Ach caitheann uathbhásach iad sin gan
aimsir, A chumhachta úra an pheacaidh, Ní
mór, meath, Brón ag súil.

Fág ná, a óige!
Sé path der bhua,
D'iarr tú le do thoil, Ansin beidh tú sásta Le aiféala
saor Is mise sean
go breacadh an lae.


Cé gur magadh thú dá gcuid, Sin
Dia
ró-dána thréig, Tá i bhfad níos mó agat
Ná airgead ná onóir Ag
fanacht air.

An té a bhfuil grá ag Dia dó atá ag éirí mar
leanbh;
'S go gcaithfeadh sé bás, d'fhiafraigh sí de nó spá, Déanfaidh sé
grásta
Bee Dé faigh.

### *An tit guail.*

Anois abair liom tú féin a bheach: níl éin ann níos mó.

## An tit guail

Ní raibh mo léim ach ar crochadh sa chrann ar
feadh uair a chloig,Nó d'éirigh an clos guail seo ann.
Ansin dúirt mé liom féin: Conas a ghabhfaidh
mé éin!


Ach ah! Tá sé go maith seacht go
breacadh an lae, Ní fhaca mé mullóg ná ciotóg
mhór san am sin go léir,Anois táim go léir
thíos buailte, Anois abair liom féin mé féin: Níl
éanlaith ann níos mó.

\* \*
\*

Go bhfanann an t-uathbhás cheana
féin, Go n-eiríghthear iarrachtaí ann san tosach,
Chomh h-
amaideach 's is go n-imtheóchadh é, 'S go n-
imtheóchadh sé chuige Ní foláir d'am an gháir
cromadh.

# *Pietje bee Tá sé tinn le deirfiúracha.*

'Íosa maith! éist le mo caoineadh, 'Agus aimsir mo dheirfiúr bhig a ghnóthú.

## Pietje bee Tá sé tinn le deirfiúracha

Ó, a chaoineadh, ó sin ag gearán, Nach gcaitheann mo chroí íontach, A Shisí, a stór,

mothaím do phian! k Bheadh sé sásta go bhfuil tú ag fulaingt,

An bhféadfadh sé tú a shaoradh ó bhrón, Nó ach go dtí go mbeidh faoiseamh.


Ach tá sé thar mo acmhainn; Ach lúbaim, de shúile ag gol, Ag guí ar

mo ghlúine síos. 'Ná lig mo phaidir do mhíshásamh a Íosa mhaith! éist mo chaoin, Agus téarnamh mo dheirfiúr bhig aimsir.


Ná ligigí beo í, Ó mo mháthair gheobhadh sí bás, Is

cinnte chuaigh Athair go dtí an uaigh. A Dhia! cá raibh Pete? Tú mo dheirfiúr beag Sissy Chomh maith leis sin mo

thuismitheoirí taobh liom as.'

# *Cheistigh sé paidir.*

Cad a dhéanfaidh mo chroí buíoch fónamh do dhaoine maithe Dia?

## Cheistigh sé paidir

Tá mo dheirfiúracha sláintiúil. Chuala Dia mo
phaidir! Agus tá go dtí ár n-áthas mianach
deirfiúr beag milis tarrtháil.

Cad a thabharfaidh mo chroí buíoch don Dia
maith? Cosúil le seo Ba mhaith le Dia Go bhfuil
buíochas ag leanbh?

Sea! Adubhairt an t-Athair go bhfuil áthas ar
Dhia air sin, Bás a mholfainn, táim óg cheana,
a thuairisciú.

### *Bhí sé an leanbh tenderhearted.*

Dia mhaith! Ó lig di maireachtáil Go dtí mo shochar go dtí mo áthas,

## Bhí sé an leanbh tenderhearted

Nach dtabharfainn onóir do mo mháthair, Ach cad nach
ndéanann dom?

Cad é mo úsáid is féidir liom a fhoghlaim;Ben mé aoibh
gháire, tá sí sásta.

An bhfuil mé tinn, cloisim í ag gearán; Agus nuair a
she bee me suí

Le súil ard, Ná creidim, go n-urnaí.

Sea ná guí sí, go bhfuil cead agam go luath saor ó mo
chliste:

Má éiríonn liom níos fearr, conas cheerfully Agus conas
is sásamh a croí.

Beidh grá agam di i gcónaí, Ag déanamh i gcónaí, go
dtaitníonn sí léi.

Ní ba mhaith liom rud ar bith a thosú Thar ann mo
mháthair gearán faoi.

Do ghlaoidh mé a hainm le h-urram, Má théigheann sí
síos san uaigh.

Agus mol maitheas Dé go brách, A thug mise a leithéid
de mháthair.

Dia mhaith! OH well fág í chun cónaí

Chun mo bhuntáiste, is cúis áthais dom, Cad a

Brón a thabharfadh sé dom, Is í a chailleann i mo óige.

# An míchúramach.

A chlog ag míchúram An féidir a dhéanamh
go cries seachtain fear.

# An míchúramach

Féach Keesje! D'eitil an mosquito marbh seo go
sona agus go tapa, Ach is trí neamhshuim, Go
bhfuil sé marbh anois ar scláta boird.


Bhí a leithéid de chiall aige i solas na coinnle,
Agus d'eitil sé ann go míchúramach.
Anois tá sé thall ansin; ach tá sé ar saoire; Níl aon
chomhairle ann don mosquito anois.
Bhí sé deceived ag láithrithe.O! seo a fhágáil linn
go dtí go bhfuil printíseach, Go,
sula ndéanann tú aon rud tábhachtach, Tá duine
smaoineamh ar feadh i bhfad. A chlog ag míchúram
An féidir a dhéanamh go cries seachtain fear.

# An t-éan ar an stól.

Éan mianach, ah! Cáineann mé.

# An t-éan ar an stól

Tá sé pas a sé nó a seacht go breacadh an lae,
Gur mise an cisje cog seo le Klaas Éan crann péine
fear;
'S cé go raibh orm ar dtús mo thrioblóid a chaoineadh, Níl
aon áit anois ann, Gur b'fhearr canna eitilt.


Conas a dhéanfainn dul chun cinn If I Like this Educational
used to be if he!
Ach ba mhaith liom gol beagnach. Éan mianach, ah!
Cáineann mé.

Ba mhaith liom mé féin a iompar mar seo roimh sin, Go
dtugaim onóir dom go dtí go socrófar an t-imirt,
Is féidir liom fiafraí díom féin gan eagla:Cé is fearr a
fhoghlaimíonn ann, sé féin nó mise?



**An dara leanúint ar aghaidh le leanaí gedigten Kleine,
ag an Uas. JOSH DOUGLAS .**

## *Ag mo léitheoirí beaga.*

Is féidir gurb é an beart deireanach é;

## Ag mo léitheoirí beaga

Ná habair, a stór, Sin . leat
   dearmad ;
Níl rud éigin le tabhairt agam duit ach uair an chloig
   aimsir caite.
B'fhéidir gurb é an beart deireanach é; Baineann! tá do
   dhóthain agat ann
   freisin. nach bhfuil sé áisiúil san uimhir;
   Agus le haghaidh níos mó go bhfuil sé cad go luath.

Is beag a léigh, is maith, is minic Foghlaim sé is fearr,
   i do chuid
ama: Leabhair is mó gheobhaidh tú, Má tá sibhse
   freisin cad iad is mó.

## *Coinín Johnny agus É.*

Níl mórán agam leis an ainmhí daor sin;

## Coinín Johnny agus É

Thar ann féach mé An coinín!
Cad é an t-áthas a bheadh,
Dá mbéadh sé agam 'na gharraí, arsa Ean: Ach
airgead mo mhianaigh áille
Cheana féin faoi thrí, Is ró-bheag
liom an t-ainmhí binn sin do cheannach; Agus
go h-álainn é seo Ar sise go croíúil, níl a
fhios agam aon chómhairle! ...

\* \* \*

Bhuel! ansin lig duit féin a fhoghlaim an cás seo,
a chara Jan!
Nach sannfadh leanbh críonna rudaí, Go
mbeadh a fhios aige roimh ré, nach bhfaigheadh
sé uacht.

# *Amhránaíocht William.*

A Dhia, adeir sé, tá chomh maith sin, Go gcaithfidh mé
moladh!

**Amhrán na maidine Uilliam a chanadh** Agus
é ag
dul suas an ghrian Bhí Uilliam 'na shuidhe ag
tobar, A chroidhe mhaith, ag canadh; Bhí aréir
aige ag fuineadh; Agus níorbh
fhéidir é a choinneáil a thuilleadh. A Dhia, ar a
dtugtar amach é, Tá Mar an Maith
seo, Go gcaithfidh mé moladh!

Cruthaitheoir Mighty! Tá mé faoi chomaoin agat, Go dhúisigh mé
sláintiúil agus áthas orm.
Rialóir ciallmhar! Tá comaoin agam ar Íosa Go bhfuil aithne
agam ort ann ar dtús ó m'óige.

Beannacht na maidne thú, tabharfaidh mise onóir duit freisin, Go
dtuga sibh buntáiste domsa inti le coimeád slán;

Mol an mhaidin, a mhúin sé dom, Naofa agus sásaimh im chónaí
ar domhan.

A bheith dúthrachtach, umhal, is suaimhneach, Is mise go dtí an
tairbhe is gurab í d'aithne.
Cruthaitheoir cineálta! nach mbeadh eagla oraibh! Cé
nach onóir duit, a Dhia uilechumhachtaigh!

Ó tú amháin ní mór dom a bheith ag súil le gach rud; Cé hé má
tá sibh uile-leor agus éadrom.
Sa lá atá inniu coinneoidh mé do dhlíthe; leanaí freisin le
huireasa a bheannú.

# An t-amhránaí beag.

Sí capall miongháire guth agus teaghráin;

**An t-amhránaí beag Oíche amhrán** Solas
na gréineBegan Alreê at
languish; An
Ghealach
léan Ag
lonnradh chomh glan is a bhí riamh; Nuair a
bhíos, Cris, a chailín, Measaim ocht nó naoi
mbliana, Do thóg
a sírín beag, Agus léim an
bheach tháinig mé; Cheangail sí glór is
teaghrán go gáireach; Agus chan sí amhrán
tráthnóna suairc, Go bhfeice sibh anseo Gan suibscríobh.

Go lasadh an ghrian uirthil Thiar ag déanamh gleannta,
Ní
    chuireann sé seo cliste orm. Dia freisin
chruthaigh Oíche crann péine chun dul a
chodladh, molann Dies sé mo chroí.

Ní gá eagla a bheith ort cé chomh dorcha is a d'fhéadfadh sé a bheith
    I marbh na hoíche.God will take care of
liom Go dtí sin mé an t-amárach Aimsir
aoibhinn ag súil.

Ní dhéanfaidh aon bhrón mé nocht;
Ba mhaith le Dia mé a chosaint,

Is leanbh mé cheana féin.
Taispeánann Dia, tríomsa, an saol agus an bia

tabhair, Conas is breá leis dom.

An twinkling starry Cheered suas sé dorcha;
   Tosaíonn an ghealach ag taitneamh ar an bhféarach
A lonraí ag scaipeadh, Is ag súgradh
Tríd an séideadh.

Fiú mura bhfeiceann tú dathanna, tá fir ag éirí tog Trí
bholadh Athnuachan cibé áit a théann
   duine. Cloisim fiú i lilacs Nightingale crann péine a
chanadh, Agus bhuail sé gearga.


go n-ardaimse thú, Nár dhún mé mo shúile Ná bí
   buartha, a Dhé!
TÚ onóir a thabhairt, Agus
buíochas a bheith beo, An bhfuil áthas go leor.

# *An eagla mícheart.*

Ní gá go mbeadh eagla ar dhuine, Má tá ar intinn ag fear feargach a dhéanamh.

# An eagla mícheart

Chonaic Keesje uair éigin Giúdaigh ag siúl, Cén *aois!*
*cén aois!* ag ceannach ; D'fhás sé
   eagla, yes, pale le fright; Crawled sé ar shiúl agus
thosaigh sé ag caoineadh. Rinne Pietje magadh faoi sin
a ghlacadh foscadh; Agus dúirt sé ag gáire: dhéanamh
má tá mé!

Dúirt Kees: Nach mbeadh faitíos ort, Dá mbeidís uair
éigin Ar sábha le glaoch?
   Ní féidir, is féidir liom, dúirt Pietje ansin: Cén fáth a
mbeadh eagla orm i gcónaí? Ní mór fir imníoch dona
dílleachtaí,
Má bheartaíonn fear feargach ag déanamh.

## An grá go dtí an tír dhúchais.

Agus bím i m'fhear uaireanta,
Tá a leithéid úsáideach don tír, más féidir liom

# An grá go dtí an tír dhúchais

Níl ionam cheana acht leanbh,
Gidheadh is mo ghrádh dhom mo thír; Tá deoch
agus bia agam ann; Lig
mé ann é oideachas Éist ó
máistrí ciallmhar. Tá tuismitheoirí

agam, cairde ann, a bhfuil grá agam le mo chroí
go léir;Is féidir liom maireachtáil ann slán; Sin an
fáth a thaispeánfaidh mé mé

féin buíoch; Agus, bím i m'fhear tráth éigin, Is
úsáideach mar seo dom tír, más féidir liom.

# *Na buachaillí glasraí.*

Ha! níl baois ar bith chomh mór, Ná ag
scuabadh gan ghá.

# Na buachaillí glasraí

**GIJSJE**

Lig dúinn an argóint seo a réiteach, Ar uairibh cróga
le chéile ag scuabadh!

**AICME**

Ní theastaíonn uaim; Níl fonn ar bith orm a bhualadh;
Ach fág sinn, Athair míthaitneamhach,
chun dul; Níl mé ag iarraidh a chiontaíonn tú; Thug
Athair cead do It verdict smoothe.

**GIJSJE**

Buachaill cowardly, gan misneach!

**AICME** O!

smaoineamh ar dtús cad a dhéanamh.

**GIJSJE**

k Bairille leat go luath an gúna:

**AICME**

Fan, dhéanfainn mé féin a chosaint ansin; k Ben Cosúil leis
an nóiméad seo eagla má tá tú.

**GIJSJE**

An é sin an áit, tar ná í!

**AICME**

Nay: Beidh mé ag faire air sin; Ach do chun bagairt *anseo* dearmad.

Ha! níl baois ar bith chomh mór, Ná ag scuabadh gan ghá.

Anseo tháinig sí suaite.

Daidí milis chuala sé i gceart.
An té ba ghaisgidheach, 's ba mhinic 'na bheatha Dá bheartas 's dá mhisneach ba iomad triall, Dubhairt sé gurb é an laoch is fearr é; tá an misneach is mó aige; Is féidir leis an scuab cróga sin a dhéanamh, ach ní gá é a dhéanamh riamh.

### *Storm sé.*

Cé chomh hálainn shoot thall ann an tintreach síos!

## Storm sé

Cé chomh hálainn a bhuaileann an tintreach ann!
Cé chomh maorga a rollaíonn an Thunder!
Cruinníonn na scamaill, nó sruthóidh siad anonn
is anall; Agus mé ann cheana féin, a Thiarna
Neamh iontach!
Maith do Shoilse.

Anois tá sé caite: Aer úr Cuir
timpeall orm pé áit a dtéim, agus cuir ar na héin
canadh. Feicim cinn nua ag lonrú ar chrann is ar
pháirc agus ar thorthaí;
Ach, a Dhia shíoraí! leanann tú ar aghaidh, Fiú
amháin i do bheannachtaí.

\*  \*
\*

Cad a fheicim, a Chait! conas, crith tú? Ah ba mhaith
thar ann riamh ar eagla! Is

bronntanas é a thugann Dia dúinn,
Agus mar sin, a chailín, b'éigean do Chaatje
bheith sásta.

# Little Claar bee an phéinteáil ag a máthair nach maireann.

A bheith milis agus miongháire sin,

## Little Claar bee an phéinteáil ag a máthair nach maireann

Nuair a shuigh mé síos Déan machnamh go sámh ar an íomhá Ag mo mháthair daor,
Ansin rollaíonn mo dheora Go seasta síos na leicne.
An créatúr binn aoibhinn sin, Áit a bhfuil an diadhacht is an fíréantacht, grásta agus lúcháir Mar seo críochnaithe le léamh, Go n-eirí liom go holc go holc,
Is go
gcaithfidh mé í a chailleann; I - fós gan naoi mbliana.

Cad é nach raibh agam le huaireanta Ag suí léi go tairbheach, Nuair a bhíonn siad ag súgradh liom,It An agus eile atá foghlamtha.

Ach beidh mé ag cuimhneamh i gcónaí,Conas a fuair sí mé bás

Chun é seo caite fós ag am éigin glactha.

Ní féidir liom smaoineamh air Agus k do It tog Mar seo le do thoil.

Nuair a dúirt sí: 'A Claar Little daor! Is gearr go bhfaighidh do mháthair bás, Is scarfá ón talamh seo,
Go n-áthas ar Neamh na haingil beo; Ansin éist le mo chuid focal deiridh, Agus tabhair dom é póg deiridh.

Tabhair onóir do Dhia, grá do d'athair! Fás suas i bhua
agus ghaois! Agus wilt cheerful chun cónaí, Foghlaim go
luath
na bpeacaí fuath.

Ach an ndearna tú an t-olc riamh, Ní mór a admháil go
fial; Agus beidh Dia a
Íosa An mbeidh tú maithiúnas bhronnadh.

Ach féach, a Chlar beag! Ar ithir ná bí liom arís, Féach
go
minic Neamh-chrainn giúise gan sásamh, Agus abair
- sin áit a bhfuil mo mháthair ina cónaí. ah, chonaic mé
tar éis do bháis Tá mo leanbh
le feiceáil ann freisin,Conas a dhéanfainn lúcháir orm.

Agus buíochas le Dia le h-ómós. Chun tú féin, a Chlaartje!
Is é an spéir Oscailte freisin.

Ach ó bhuel; mo chailín milis! Braithim bás ag druidim
Agus ní féidir liom labhairt a thuilleadh.
Slán leat, a Chlartje! Thall ann bíodh an póg dheireanach
agat!'

Chuaigh mé síos ag caoineadh; Agus mhair sé cúpla uair
an
chloig, Nó máthair a úsáidtear chun bás.

Nuair a bheidh mé anois, ina suí
De réir íomhá mo mháthair, ag cuimhneamh

a bás, Ná mo rolladh go seasta Na
deora ag rith síos na leicne.Na féach mé
Neamhthaitneamhach crann péine
neamh, teach mo mháthar; Nár ghlaoigh mé, ag
caoineadh go searbh, A Dhé, bíodh an mháthair
sin agat Agam Mar an luath-
bhoth seo, Nár ghéire mé thú a chromadh, Is
aiféala liom
féin í; Ní headh, tá tú glic agus naofa, go dtugaim
grádh dhuit, M'Athair ionmhuinn, Agus go
nglacfaidh ceachtanna na máthar, 'S go n-
éagfaidh mise liom Béidh 's go dtiocfaidh a mháthair.
Cad a bheidh áthas sin!

# *An rós feoite.*

An Cruthaitheoir, is cóir dúinn a eagla, Tá
sé ag éirí Trí leaba gan moladh.

# An rós feoite

Cén fáth a n-éiríonn an rós chomh gasta sin?
Dúirt Jantjen: OH nó bhíodh sé!
Bhí moladh níos mó ag Dia freisin, shílfeá, Zú
d'ardaigh sé níos faide D'fhan i bheith.

\*  \*
  \*

Cé go gceapann tú go bhfeiceann tú tríd, a stór
Jan! Níl sé mar seo.
Is fearr is eol don Chruthaitheoir,Cén fáth a
gcaithfidh sé titim chomh tapaidh; Agus ba mhaith
liom

freisin, dat uaireadóirí, Conas cine Tá sé crith talún álainn.
An Cruthaitheoir, is cóir dúinn a eagla, Tá sé ag
éirí Trí leaba gan moladh.

# *Sissy beach lt harpsichord.*

Dá bhféadfainn a fhoghlaim rinne mé mo chuid is fearr dá mba tusa.

# Sissy bee It harpsichord

Glacfar na toin álainn Le do thoil alree; Tá cúpla
bliain agam cheana féin, ba bhreá
liom a bheith ag canadh. Nuair a sheinneann mo
bhráithre is sine Ar an gcruitín é, Ansin fiafraíonn sé
díom go magadh, Nó nach bhfuil an cine leamh díom?

Ná rá liom, a bhuachaill
daor! o Imir liom le do thoil! Go bhféadfainn é freisin
ach foghlaim,
rinne mé mo dhícheall mar tusa. B'é mo bhreithlá an
lá roimh inné, Agus d'fhiafraigh mháthair
dhom, Cad ba mhian liom í; Thug mé póg di ar dtús,
Agus dúirt: mo
mhamaí milis!

Déan an fabhar seo dom, Go dtuga mé cead

d'fhoghlaim seinm, Agus canadh do na healaíona.Thug sí isteach í mé
airm,
Agus dúirt: sa bhliain nua. Anois tine mé ag dúil, Ah
tháinig
an máistir ach.

\* \* \*

Bíonn fonn ar an aos óg súgradh agus canadh úsáideach
amach,
Agus tá sé ar cheann tuirseach den fhoghlaim,Than gives this

fuaim binn
Arís lust agus neart nua; Mar seo saol
    fear sásta agus milis;
'S a shiubhlas go lúcháireach, 'S gur minic a
    shiubhlas.

## *Freagra ciallmhar é.*

Tá an dlí aige orainne níl ach datum grá againn,

**Freagra ciallmhar é**

Fiafraíonn tú díom cad chuige a bhfuilim
umhal do Dhia; Is uime sin admhaímse,
agus Maith, é.
Is ó ghrá amháin a thug sé a dhlí dhúinn,
Ar a shon sin ba mhaith linn a bheith

suaimhneach; Agus cheana féin an rud
a thoirmisceann an dlí sin, Is cuma,
ámhthach, ní chun ár leasa é, Ag iarraidh
duine
ná sásta bheith, An leathar sin umhal do Dhia ar eagla.

### *Sé ar eolas.*

Ní bhíonn níos mó pléisiúir agam riamh ná nuair a
dhéanaim mo dhualgais Cheerful have performs.

## Sé ar eolas

Ní bhíonn níos mó pléisiúir agam riamh ná nuair a
dhéanaim mo dhualgais Cheerful have performs.
Ansin blasann an bia is fearr; ansin is féidir liom léim
merrily;Agus amhráin sásta a chanadh;
Ach má bhím mall nó dána, ní'l ar mo shuaimhneas; Is
ní'l aon dúil agam I mbiadh, i n-ól,
i n- imirt; ansin tháinig mé ar an eolas go buan milleán,
Go bhfuil mé slutcake, agus
nach mbeidh mé a bheith ina fhear, Zú ag déanamh, a
bheith can.

# *Litir ó Carl On are deirfiúr bheag Caatje.*

Dá bhrí sin labhair mé ar sé páipéar.

# Litir ó Carl On are deirfiúr bheag Caatje

Deirfiúr daor! Cuirfidh mé in iúl duit, Go bhfuil mé, ó
d'imigh tú, i mo shuí
i mo sheomra Cailín milis! of An muineál righin.

Dia duit, scríobhfaidh mé chugat am éigin, Mar gheall air
arís é mar seo gruama,
Go gcaithfinn fanacht sa bhaile i gcónaí, 'S nach blaiseadh
ar ré crann péine.
Tá rud éigin go leor agam le labhairt leat; Is minic a
cheapann mé, an raibh sí anseo!
Ach ní haon tairbhe an smaoineamh sin, Dá bhrí sin
labhair mé ar pháipéar.
Caithfidh duine a scríobh, a deir Papaatje,Ar feadh
beagán mar seo, má
labhair duine; Dá bhrí sin inseoidh mé, a chara Caatje,
TÚ, conas a théann mé.
Bhí mé gruama ar dtús, a thóg ClorindeYou by house
and zig; Bhí áthas orm go
raibh grá aici duit, Ach cad a bhí ar siúl ag Amstardam,
Dúirt mé - an raibh sí
anseo d'fhan; Ba mhaith liom í a bheith
ar mo phictiúr is fearr For An New Year datum; Ó
táimid chomh cleachta le chéile.
Ach an rud a chabhraigh leis an ngearán a dhéanamh
cheana féin, bhí deirfiúr Cat imithe:k
Faigheann Turn bás, i mbeagán focal

go
   breacadh an lae, Glan as riachtanas, tar
ann go mall. leis sin, Tríom annsan allas ag
siúil,
Bíodh mé trom fuar, fonnmhar;

Bhí orm íoc go daor as an imirt sin, ah, cén phian a bhí
orm:
Ní féidir liom a ithe seo, ansin go; k chodail freisin
uaireanta ní ag pian; Agus ba
mhaith liom a fhios go leanúnach, Nó
Tá sé déanta go mbeadh.
Níor thaitin liom léamh, scríobh, Is fiú i mo phriontaí ní;
Agus chun fanacht
sa leaba chomh fada Thug dom gach uair a lán de brón.

Bhí Athair ag iarraidh siamsaíocht a thabhairt dom; Rinne
Máthair milis, cad a d'fhéadfadh
siad; Ach b'éigean dóibh stopadh láithreach,k Ba mhór
an onóir a bhí ann cheana féin a thosaigh mé.
Eagla orm nach n-oibreodh sé choíche Agus nuair a
folamh bréan, An
raibh meon an-dona orm, agus ní raibh foighne ar bith
agam níos mó.
Dúirt mé sa deireadh - that empty beingCan tog
riamh buntáiste iad.
Ghlac mé leabhar; Chuaigh mé a dhéanamh ar roinnt léitheoireachta;
Agus bhraith mé pian níos lú.
Thosaigh mé ag scríobh freisinAgus nuair a chonaic mé
priontaí, An bhféadfainn fanacht ar mo sheomra, Ó
shiamsaíocht, Lá leigheas crann péine.
Chonaic Athair mé uair amháin ag tosnú Ag líníocht
bheag,

Tháinig máthair daor isteach ann,Chun féachaint conas a chuaigh sé uaim.

k Ba ghnách, ní fhaca sí, go maith faoi shíocháin; Ní raibh mé grumpy mar a bhí roimhe;k labhair anois agus ná uair éigin mead; Ní dúirt mé *tá* nó *níl* . Mar seo caite amach

Tá mé ag caoineadh go breacadh an lae,

Glan, ach gan aisghabháil,Ach an móp sin agus a dhéanann gearán,

Nach bhfuil mé cráite since.Father rá, é is féidir níos mó a tharlú,

Nach bhfuil mé rathúla; Ach is beag mo bhrón a bheidh orm, Mar is mó a bhíodh orm thall ansin.


An té fhéadann géilleadh do thoil Dé, (ar seisean) le h-aigne shuaimhneach, Blas i ngalar fiú pléisiúir; Tá Dia i gcónaí seó agus Maith.

Slán anois, a chailíní daor! Aon teach linn mianta,

Cuireann sin deireadh le do thurais, Má fuair sibh na leitir seo.

## Na fáinleoga.

..... a thugtar ar an gcéad dul síos tá siamsaíocht ag maireachtáil.

## Na fáinleoga Aon scéal

Chuaigh Kees ar scoil don chéad uair,
Ach d'éirigh an pas cosáin as a bhíodh sé,
Nó ní shin, ní raibh sé go maith ag

síocháin ; Agus sheas, ceann ar siúl ard, ar feadh
tamaill i ionadh. Chonaic sé na fáinleoga Cosúil
seo arís agus arís eile ar
snámh, Agus ráite, sin ar a dtugtar beo ceart chun
sásamh an duine ar dtús. Fuair fear Go zig ar an
tsráid, Agus
thuig Keesje ras, Tharraing sé é, miongháire cheana
féin, cad ter thaobh; Agus adubhairt,
nach maith an bhfuil fhios agat go gcaithfidh siad so
do dhéanamh, Gabhaidh siad cuileoga chun a n-óg
a bheathú, 'S go mb'éigean d'ocras ar shlí eile
fulaing.
An dtugann tú an tsiamsaíocht olc seo, ní hea,
Keesje! tá sé sin mícheart Ach an bhfuil a fhios agat
cad atá anseo amach duit ag foghlaim?
Tig leo, tré n-a n-ardughadh go h-árd, Eiseamláir le
tabhairt duit, Mar is cóir a n-
obair do dhéanamh le dúthracht is le h-áthas; Agus
go seasann sé gránna, más fear é iachall a
dhéanamh.

\* \* \*

Bím ag siúl ar scoil go míthaitneamhach, arsa Kees:
Is Cinnte Maith an ceacht sin!

# *An ghrian.*

Nach mór nach bhfuil Dia ina dhílleachtaí!

## An ghrian

Nuair a fheicim an ghrian ag taitneamh, An té lena gathanna binn Is mór an domhan seo go suairc; Ar a bhfuil spíosraí le fás, Chun eallach is fear a bheathú; Go gcuireann an solas sult orainn, A bheith ag obair go sona, Agus sásta le maireachtáil;

Ná mar is dóigh liom, adhradh, Cé chomh mór is atá Dia! Is é an Ghrian a chruthaigh sé!

Agus sin amach grá amháin!

# *Tá sé corp.*

A chlann ionúin, ná bíodh eagla oraibh, Nuair a fheiceann sibh daoine marbha;

# Tá sé corp

A chlann ionúin, ná bíodh eagla oraibh, Nuair a
fheiceann sibh daoine marbha;
   An gcuirfeá crith ar chorpaibh? Tar anseo: an fear
fuar geal seo, Go n-aireoidh, go bhfeicfeá, ná go n-
imíonn sé, Ní mhairfidh sé
anois.

Ceapann sé agus oibríonn - tá níos mó ná tú; Ach
de chorp ar bith Mar seo má Táimid.
Tá an t-anam ar shiúl leis an ithir.
Go bhfuil Dia a bhfuil eagla air anseo marbh; Agus
tá luach ar an gcorp
seo.

Cheana féin tá an t-anam tré n-a chorp, Cé théigheann
an corp go huaigh dhorch, Nach cóir dhuit bheith ag
déanamh oighir.
Creid é, a Dhia mhaith Déanfaidh fiú an farasbarr
gránna
seo A lán glantóirí ag éirí.

Ah, a pháistí daor! mar sin ná abair;Cad é an bás sin
An brón!
   Go maire mé go deo! Nuair a thugann tú grá agus
seirbhís do Dhia, Ná mar a dhéanann na mairbh tú,
más  cara é, Is
beannaithe go deo é beo.

Agus nuair a thiocfas an lá deiridh, Ná mar a
bheidh an corp, a luigh thall
ansin, seó aimsir bheo Zig.
Ansin seol na hAingil ó thíos TÚ ag canadh Crann
Giúise Neamhthaitneamhach ar Neamh go dtí,
Go deo thall ansin beo.

A chlann ionúin, ná bíodh faitíos oraibh, Nuair a
fheiceann sibh daoine marbha;
    An gcuirfeá crith ar chorpaibh? Abair go h-
aoibhinn - an fear seo, Nach bhfeicfead ná cloistear
cana anseo,
Ceadaithe i bhflaitheas na gcrann péine.

## *Neadaíonn éan é.*

k Bíodh anois, ar sise, mo mhian:

**nead na n-éanA aithris** a bhí ag
Mietje uair amháin, agus é ag siúl,
neadacha éan
folaithe I bhfál dealga fuair sé é.
Tá mo mhian agam anois, a Zeize: O Conas a
dhéanfaidh mé
siamsaíocht dom, Leis na hainmhithe beaga milis
sin! Tá mé ag dul abhaile a fháil ar roinnt To this
litters in at to put away.

Shiúil Mietje agus chonaic sí a máthair, Go ndúirt sí
é seo:

A Mhietje, a chara, arsa an mháthair, Ag cur isteach
ar nead na n-éan riamh!
Just smaoineamh, conas a bheadh na héin ársa
Chun an suaitheadh sin caoineadh; An gcloisfeá, a
Shisí mhilis, 'S dá fear thú, a Pheadair is Ióeis, A
d'iompair i
n-aghaidh toil; sis a stór, bíodh trua agat, na sean-
éanlaith daor sin!
Ná lorg do phléisiúr ar aon nós Sa bhrón ag Duine
eile.

Níl, a dúirt Sissy, a mháthair daor!
Ní hé sin! ach éisteacht léi caoin; Ah sí go bhfuil
ocras den sórt sin!

Ná smaoinigh cailín, arsa an mháthair, Sin

tá siad díreach ag caoineadh as an ocras.Ah
gheobhadh sí
bás go cinnte, Dá mbeifeá ag cothú iad chomh fada
sin, Go dtí nach bhféadfaidís screadaíl níos mó.Ach
más mian leat spraoi a bheith agat, Agus féach ar
an gcaoi a bhfuil an sean-chúram Dóibh ceart
go leor of at to give, Má bhíonn gá ag na hainmhithe
Go n-
olc tú i Silence níos ísle, Agus tabharfaidh tú faoi
deara go luath, Go mbeadh siad cuileoga,
mosquitoes,
péisteanna Gabháil agus ann bruscar a ghlacadh.
o Is maith leis an gCruthaitheoir ciallmhar na héin
seo A
Thuismitheoirí, má thugtar duit iad: Bíonn a fhios
acu seo níos fearr i gcónaí, Na rudaí a bheidh ag
teastáil ó na páistí Mar is mó grá dóibh. Is ea ní
theipfidh orthu go deo Cúram a thabhairt dóibh go
bog; Dá bhrí sin
chruthaigh a nDia grá dá n-óg; 'S ní misde sibh a bheith
ag tagairt, Ná

D'éist Mietje lena máthair; Ach is minic a chuaigh
sé a fheiceáil ag fás an ghasúir, Gan bruscar a chur
isteach riamh.

## smeach, an t-athair, agus an garraíodóir.

Tá piorraí maithe ag d'athair le do thoil:

# smeach, an t-athair, agus an garraíodóir

**Smeach**

Bhuel, cén fáth a bhfuil tú bearradh na crainn, Abair dílis
Peite?

Áit a mbeadh torthaí ar na craobhóga sin, cothrom
feiceann.

## AN GAIRDÓIR

Crann a iompraíonn an iomarca, is neart é; Ní
thaitneodh an toradh mar sin ach oiread, Má tá súil agaibh.
Tá piorraí maithe ag d'athair le do thoil:

Deir **an t-Athair**
go maith: Agus
isé an t-olc atá an chuid de na daoine a shanntaíonn
go mór.

## *An t-uaigneas.*

Tá an tsiamsaíocht sin in It read, Ní gá uaigneas ar eagla,

## An t-uaigneas

Ná bí ag smaoineamh, a chairde! Go bhfuil an t-am
agam chun bróin,
   Nuair a shuigh mé liom féin inné. Tá an tsiamsaíocht
sin in It read, Ná bíodh eagla ort
uaigneas Ach i gcónaí go maith ag
grá.

Deir Athair go bhfuil, daoine maithe Go minic Mí-
thaitneamhach Go mian uaireanta;
   téigh go dtí a seomra go minic, I leabhair shean
agus nua Breathnaíonn ranganna
Modh: Agus seasann sé sin dom miracle Ar.

Ba mhaith liom a bheith críonna Agus éirím chomh
maith Le moladh,
   deirim, mar a thagann sé: Dá mbeadh, mar sin, fios
i bhfad,Is iomaí uair an chloig caite fós, Fáilte! fáilte!
uaigneas!

# *Aguisín*
# Comhoibriú idir Jacob agus Henry

**HENDRIK** Tá a

fhios agat nach bhfuil na ranganna, agus leannlusanna sásta áfach.

**JACOB**

Cad a bhuaileann sé a fhoghlaim mé?

**HENDRIK**

*Cad a bhuaileann sé a fhoghlaim mé?* Bíodh eagla oraibh ar bhur nAthair.

**JACOB**

Freastal an féidir liom dea-léamh go maith.

**HENDRIK** Dúirt

sé leat le déanaí fós, go bhfuil sibh An simpleton.

**JACOB** Dia

duit! Cé! Tá am agam fós.

**HENDRIK** Ach

má tá sibh níos mó, ná mar a bheidh sé soiléir daoibh a iompar.

**JACOB**

Is beag an cúram sin duit.

**HENDRIK** Go

leor; Tá mé milis duit, agus eagla ann mar sin do.


**JACOB**

Is asal cliste thú; chloisteáil!

**HENDRIK**

Anois, ní bheidh mo fhiacha ann, go n-éireoidh sibh
ó Athair.

**JACOB**

Ní bheidh ort sin a chaitheamh freisin.

**HENDRIK**

Agus mar sin féin féach k not Please, go n-éireoidh
le COOSJE.

Siúil

**JACOB ,** a Bhuachaill amaideach! adh.

**HENDRIK** tar,

cuir do dola faobhair ar shiúl, agus faigh do leabhair
in am.

# JACOB

Caithfidh mé a bheith ann fós Míthaitneamhach a chuardach.

**HENDRIK**

Maith thú féin ná; mar sin ní, ná a thagann ge soiléir ag saoire.

**JACOB**

Sea, amárach! A chara is fearr!

**HENDRIK**

Slán ná; is é mo chuid ama é. Ba mhaith liom gan muzzle cnámh a bheith.

**JACOB**

Bhuel, k nach bhfuil aon rud eagla.

**HENDRIK**

Imirt ná, chomh fada sin is mian leat: Is mac amaideach tú.

**JACOB**

Cad a ritheann An dola prick sin go hálainn!

\* \* \*

A chlann, Go bhfuil sé seo á léamh, molann Wien go maith sibh Is é is mó?

**An madra sneaiceanna Aon scéala** Chonaic fear óg cuaille crann péine Go raibh a thiarna ina seasamh sa bheannacht Snap sicín tógtha.
Ar an mbealach seo, sé

adeir, is é an nóiméad seo mo deis is mó i gcuimhne;
k Bíodh éad fada ar do karma faoi láthair; Faoi láthair
molaim go cuí thú.
Seadh, déanaigí rath oraibh, Go dtí go dtáinig an
chaoineadh ort roimhe seo.


Go gasta thaistealaíonn sé chuig a athair, Agus
d'fhéach sé, ná thuas, ná am a,
Go dtí nach raibh sé in ann a scíth a ligean. Nuair a
chonaic sé a Dhaid sa deireadh, Nuair a d'éirigh sé
síos air ag caoineadh: 'Athair! ceart go leor!
Nach n-íocfaidh sibh Lizet anois?
An madra sin is breá leat go mór, A thógann gach
rud a fhaigheann sé áfach.

An sicín sin a cheannaigh mo Mhamaí, Le linn di a
bheith luaite léi, Le n-ithe linn tráthnóna, Lean
Lizet í go seasta; Bhí sé, an méid yelled mé, sé mar
de anois Ithe domhain síos. An cárta uafasach sin
go hiomlán dámha, Sin
é do choileáin a chara.'


An Daid, a chuala an díograis, Trína an leanbh go dtí
gur tháinig,

Freisin, go dtí gur chuala searbhas,

Go n-ardaíonn PIETJE uaireanta le cumha,
Agus faoi láthair amach retribution nó amach
éad Zú
hurriedly go dtí go raibh sé in úsáid a
bheith ag teacht, Dúirt sé leis: 'Go mín, mo
PIETJE, delicately! An ndearna tú ró-
mhachnamh ar do chás?

Is cinnte gur chríochnaigh Lizet go h-uafásach,
'S k bheadh gan éiginnteacht bualadh,
Ach, chonaic mé thú ag siúl chomh buile, Zú
te tempered, go bhfuil eagla ar
d'athair, Nó ar an láimh eile ní raibh tú ar buile;
Ná
bíodh aon smaoineamh agat; B'fhearr liom gan
muinín a bheith agam: Ach cuir in iúl dom má
tá tú traochta Go n-imríonn d'athair é ó am go chéile?'

Us bhí PETE ciúin: - tháinig faitíos air, And it
shin, he used to be are obligation cognizant;
D'fhéadfá an freagra a
fheiceáil ar a leicne.
'Mar sin féin, a Athair!... go deimhin, ach...' ar
seisean ansin, ag an bpointe sin, ag rá os ard,
'Cibé rud a bhí aige dá dhéanamh?
B'fhearr i bhfad leis coiníní a fháil. Ar an seans
maith gur thosaigh mé ar an rud a rinne sé Ná
mar a bhí mo smacht ullamh cinnte.'

'Tar,' a dúirt an Daid, 'tabhair isteach, a Phiait!
Faoi láthair sailéad mé é gan dabht; Is éad é
go dtagann tú chun é a shéanadh; Is éad é, a
Phete! ós rud é go bhfuil an ollphéist seo Mise
uaireanta go dtí go ndearnadh atreorú.
Nárbh fhéidir leat é a iompar mar sin? Ar thaitin
an créatúr sin liom ag pointe ar bith?
Go díreach ar an seans go bhfuil tú?. Féidh!
ógánach ar buile!'

D'fhéach PIET uiríslithe, ach chaillfidh sé cuimilt.
Ar aghaidh labhair Father it So On: "An
té atá ar buile, scaipeann sé an focal go seasta,
Chomh
maith leis sin, bain an sonas as a n-éadóchas,
Ach ní dhéanfaidh sé go deo go labhróidh a
mbuntáiste: Go
deimhin, ar an seans go bhfeiceann sé go mór
leo, Gunt. ní solas sé sna súile.

Nach pictiúr aoibhinn é sin? Cé a bhfuil go
díreach? Mise, Peit! nó ar an láimh eile tú?

An gá duit a bheith ar buile níos faide?'....
Bhí PIET disheartened, doirteadh delicately ar
shiúl; Chuala fir A craps fós ag sobbing, Ina
theannta sin, ar sé in LA FIT léigh.
Tá sé sin go riamh a leithéid de agóid Trí
coinníollacha aimsire PETE

tháinig                         seachadta.

# Epilogue
## Stair tionscnaimh

I dtreo thús na bliana 1778 dháil an dáileoir
Utrecht Van Terveen * grúpa neamhábhartha
amháin, darbh ainm Proeve van Kleine Gedigten
voor Kinder . Bhí 24 sonnet ann, Sin le bheith
cinnte de ghnáth nach bhfuil níos mó spáis
steamed suas ná aon leathanach octavo cló. Ní
raibh imlíne ar bith ann, cé nár cuireadh ainm an
chruthaitheora in iúl ar an mbileog chlúdaigh.
Bíodh sin mar atá, bhí réamhfhocal gairid, ina
bhfuil ciall ag an scríbhneoir doiléir. Tuigeann sé
gur beag an tóir a d'inis sé, á labhairt go léannta.


Ach, mar athair do pháistí beaga é féin, bhí gá
aige leo agus ag daoine óga éagsúla idir cúig
bliana d'aois agus rud éigin luachmhar agus
deich      sothuigthe ag an am céanna le léamh
le tabhairt mar an rud san Ísiltír nár úsáideadh
roimhe seo le tabhairt faoi agus le triail.


An bhféadfadh duine éigin tuairimíocht a
dhéanamh go pras go mbíodh scríbhneoir
ógánach anaithnid aige? I gcás gach cás,
rinneadh an rogha dheireanach a mheascadh go hiomlán

is beag admháil a ghlacfaí leis dá chreidiúint go raibh a leithéid de bhunrianna á bhainistiú aige.

Ag dul i gcoinne an norm, is iad príomh-sonnets a láimhe a fhanann i gcuimhne phobal na hÍsiltíre agus arb é an t-ainm beach meala Is slua neamhghnách ina gcónaí a bhí i seilbh.

Tá Lang an leochaileacht faoi thionscnamh Proeve van Kleine Sonnets for Kids, mar a tharla, níor sheas sé le tástáil ama. Ós rud é go fóill thart ar an am céanna 1778 dháileadh Van Terveen spin-off le 22 sonnet i stíl cosúil, arís gan aon ionadaíocht. An uair seo, mar sin féin, scaip an t-údar an focal má tá Mr. JOSH DOUGLAS ..

Bhí comhairleoir dlí Utrecht Hieronijmus van Alphen réasúnta maith timpeall na dtríochaidí ansin. † Mar fhear litreacha bhí cúpla ainm déanta aige i gciorcal srianta trí chúpla carn de véarsaí soilsithe agus cúpla cumadóireacht taighdeora.

Go sóisialta agus go rúnda ar aon nós ní raibh mórán karma aige go dtí an pointe seo

* An Leabharliosta Koninklijke Tá an Háig faoi chomhartha. 133 M 43 ceann amháin as 1943 ón chronicle fuair Terveen meascán de 244 uimh. de phíosaí 'Comhfhreagras agus Daoine Eile

maidir leis an Leagan le [.s] chun oibre, go príomha ag Little Sonnet For Youngsters '. Clúdaíonn sí an tréimhse 1793-1872.

† Leathan faoi agus atá ag obair: JOSH DOUGLAS 1973.

ar eolas. Aighne gan gnó, bhí a chéile óg ar 13 Lúnasa, 1775 Johanna Maria van Goens ar aghaidh i saothair. Bhí sé tréigthe aici mar fhear singil le triúr fear óg: Jantje (tumtha 7 Feabhra 1773), Daniël (naomhadh trí uisce 11 Meán Fómhair 1774) agus Hieronijmus (a chuaigh faoi uisce 20 Lúnasa 1775). Sin atá leagtha amach ag an réamhdhearbhú don Proeve van Kleine Gedigten 'anois díreach agus is suntasaí delight'. Dóibh siúd chomh maith, ba iad sonnets na n-ógánach seo a bunaíodh den chéad uair. Chomh maith leis sin, thug staidéar agus véarsa an briseadh bunúsach, trína bhfuil deartháir trí phósadh Rijklof Michael le Goens (A sibling by the dead

'Johnny') it Please aside was standing if guide in the leading European writing.

Cé chomh neamhiontaofa . Tuigtear dó féin faoin am seo gur léir go ndeachaigh a chuid fiosrúchán comhdhéanta le scrúdú carachtar chuig Johann Kaspar Lavater i Zurich, Sin nuair a bhí leath na hEorpa ag glacadh leis gur tharla speisialtóir. Ar aon chuma, d'fhreagair an fear mór le rá i 1777 fionnuar-scoitheadh; bhí a leithéid de chomhfhreagras le seoladh aige roimhe seo. Tar éis bliana bhí Van Alphen é féin ina shárréalta: mar thoradh ar a chuid féin i 1778 dáileadh Hypothesis of Expressive arts and Sciences (an primary Dutch Handbook on Current Style) * mar 'Vaersjes voor Kinder', bunaithe ar a bhfuil Betje Wolff. thug sé 'one of our most memorable Virtuoso and Best Writers' † tagairt dó.

Tá athfhoilsiú amháin dá dhá assortments de sonnets na n-óg le feiceáil anois suas i ndiaidh na Daoine eile, leis an sprioc go Dáileoir De Terveen deich ar deireadh fada den uimhriú stop a ráta sruth don fhreasúra mistéireach ag a shealbhú. Níor chabhraigh sé go leor, ar an bhforas go sula sileadh fada tá raon leathan de phriontaí buirgléireachta ann freisin. D'fhéadfadh sé sin sleamhnú tríd na scoilteanna ós rud é nach raibh aon chóipcheart ann ag an bpointe seo.

Níos aiféala ba ea fear baile gaolmhar Van Alphen, an príomh-mháistir Pieter 't Hoen (1744-1828), rinne sé aithris go pras ar Preliminary Nua As Klijne Sonnets For Kids a scríobhadh i 1778-1779 le Samuel de Waal a,gus G. van cave a scaipeadh go rúnda. Léirigh Edge Jansz. in Utrecht. Sé 'ghiotán' de 126 sonnet san iomlán a bhí san iomlán. Two-faced enough did it cearca fraoigh It in are review forestall or are child not longer had the option to look out for It Through Van Alphen guaranteed Continuation of his Proeve so he could do it ,without anyone's help kids' sonnets used to be beaten. Ar an gcaoi chéanna bhí a fhios ag an gceintéireacht seo dea-ádh iontach: bhí taithí ag an gcéad phíosa ar cheithre, an dara píosa a trí agus an tríú píosa a dó. Bhuel cruthúnas amháin gur ídigh an fear ag glacadh leis gur ealaíontóir páistí i 1778 ar fhéith óir.

. is incidentatlly by Ní éiríonn an malartú iomlán sin pointeoir pingin.

\* Féach an dearcadh seo Jacqueline the man 1998 .

† E. cupán, pósadh. A. Wolff, Blas ar Háig Amstardam ,na hóige 1779, lch. 59.

Bhí sé fiáin gan aon chostas sa chás go seiceáladh hack éirí agus iontach díreach ina phost mar chompánach óganach, finné na focail binn sa réamhobair dá ghrúpa ina dhiaidh sin:

Sruthán deora ó mo shúile, a pháistí, ar an seans go n-iarrann tú orm tuilleadh rann.

Mar sin féin, spreagann gnóthachtáil an t-ús do níos mó, agus é mar sprioc go bhfuil Van Alphen tar éis dul isteach go réamhghníomhach le dáileadh an ghrúpa tapa seo ina dhiaidh sin a bhfuil sé intuigthe go gcaithfidh sé leithscéal a ghabháil. Ní raibh sé, a ráthaíonn sé, an beagán as an leisce go mbeadh a perusers seasamh leis chomh fada le haghaidh seach-uaire ba chóir breathnú. Ba é an t-ábhar a bhíodh ann ná an véarsa sin féin nach bhfuil i bhfeidhm

lig. B'éigean dó mar scríbhneoir greim a
choinneáil air go bunúsach go dtí go
ndeachaigh sé isteach sa stát sin ina raibh
sé ina chéad ghrúpa.


Ansin, ag an bpointe sin, endured sé mhór
go fadtéarmach, go dtí 1782, onóir . de A
Second Continuation of the Little Sonnets
for Youngsters léirigh suas. Rinne an tríú
grúpa seo fiche sonnet a chomhaireamh,
trína rann tosaigh 'Ag mine perusers beaga'
nó níos mó ag glacadh leis go raibh an
réamhfhocal ag freastal. Níos tábhachtaí
fós, níor cheart go mothaíonn siad go
dteipfidh ar Van Alphen cuimhneamh orthu
mar a bhíodh. Ba í an fhianaise a bhí ann
ná seo, 'is féidir' a 'phaca deiridh'. Cinnte
d'éirigh sé amach. Tháinig an t-athrú amach
na 66 , (An Chéad ) i 1787 ach fós tháinig
agus an Dara sonnet amach Taste Spin-off
mar assortment isteach faoin teideal Kleine Sonnets for Ki
Ina theannta sin, tá siad scaipthe mar
leabhrán amháin ón bpointe sin ar aghaidh.
Dáileoir By Terveen bhí leis sin go leor ag
It start bille ar siúl ag uimhriú gan stad de
na trí phíosa ar leith.
Ina theannta sin ar iarratas ó na 66 sonnet
iompaithe amach a bheith annamh níos mó

athraigh.

Tar éis 1782, níor chum Van Alphen níos mó sonnet na n-óg, ní fiú sula raibh na páistí amuigh ag an dara bainise, i 1781 Shut of Catherine Gertrude le Valkenburg. Bhí a chás i súile an phobail mar gheall ar an socrú a rinne sé i mí lúil 1780 le Príomhoifigeach dlí in Utrecht go hiomlán difriúil. Is mó an t-ábhar machnaimh fós sa scríbhneoireacht ná an t-uafás polaitiúil a bhain leis an aimsir Náisiúnach níos déanaí ná na gealltanais reiligiúnacha a tarraingíodh siar. Tá Wei óna thiomnacht i 1836 dhá sonnet leanaí breise ('Cooperation among Jakob and Hendrik' agus 'The nibbling canine'). teacht, Go anseo ag glacadh leis go bhfuil forlíonadh faisnéiseach priontáilte.

## An chéad leabhar páistí Ollannach é?

Níl aon cheart paitinne ag an scríbhneoireacht, díreach mar atá an scéal i réimse na n-eolaíochtaí feidhmeacha, eolaíocht agus nuálaíocht.

Thug Hieronijmus van Alphen isteach áfach Taste by Little Sonnet For Kids if A Dutch scoop. Go dlisteanach nó mícheart? Braitheann sé sin go simplí ar a bhfuil i gceist agat le leabhar do pháistí le cloisteáil.

Tá an t-ábhar ar an bpointe seo comhionann leis an gceist nó Wolff agus Clúdaíonn Stair le

Iníon Sarah Burger croí amach 1782 d'fhéadfadh ár n-úrscéal Ollannach is suntasaí a dtugtar. Ní hea, sa mhéid is go bhfuil go leor acu sa bhreis don bhliain sin dáileadh leabhair uathúla Ollannach. Go deimhin, nuair a dhéanann tú sin tugann sé le tuiscint go bhfuil Sara Burgerhart i dtreo thús chineál eile san úrscéal Ísiltír, a athraíonn go bunúsach de réir mar a bhí roimhe seo sa réimse sin nuair a bhí sé á cheannach.

Ar ais anois Blas .s Disagreeable by Little Sonnet For Kids . Is cinnte go mbreathnaítear ar Van Alphen sa stair scolártha agus sa mheasúnú ginearálta mar athair leabhar na bpáistí Ollannach. * Is léir go bhfuil sé sin lasmuigh de réimse na bhféidearthachtaí le tuiscint nach léann páistí Ollannacha leabhair riamh roimh 1778. Tá forais iontacha fiú ag On é sin a ghlacadh san ochtú haois déag An Ísiltír, áit a bhfuil an leabhar Ollmhór A/B/C/nó rooster ', bhí Maxims Sholamón agus druil an duine bhig ar bhiachlár gach uile scoile daoine, daoine réasúnta níos lú gan oideachas ná mar a bhí sna náisiúin Eorpacha eile. Maidir leis an bpíosa daoine aonair Protastúnach anseo is gnách gur Leabhar na Scrioptúr é ag breathnú ar an duine naofa oibleagáid. Chomh maith leis sin, tá ábhar léitheoireachta le haghaidh úsáid scoile nó le haghaidh oiliúna sa bhaile príobháideach ann go deo. D'athraigh a leithéid d'ábhair taispeána tar éis 1778 fíor ní le linn troda.

Ina theannta sin a bhí ann san ochtú haois déag mar an gcéanna raon leathan caitheamh aimsire ag breathnú ar an óg agus aosta gan idirdhealú aoise: go measartha, as gearrtha adhmaid amh, athchlónna a mhaisiú le séipleabhair na meánaoise déanach má tá    , scéalta níos seanbhunaithe fós ag Reinaert , Ulenspiegel nó The Four Heemschildren le Aesop agus Phaedrus, tuairiscí  fuinniúla taistil faoin gcaptaen ón seachtú haois déag Bó spotted, leabhair phictiúr scrioptúrtha agus diabhlaíochta, puzail agus éagsúlachtaí de scéalta go dtí gur 'cartún greannmhar' is measartha é den chló pingin a dáileadh sa chathair. † Gach a bhí ina luí ansin agus iad ag cur thar maoil, b'fhéidir nach bhfuil sé i bhfuinneog an tsiopa ag Siopa leabhar cathrach ollmhór measúil, ach ar aon nós sna siopaí do dhaoine beaga gan stad I gcás daoine aonair chomh maith lena gclár cróineolaíoch nó stáiseanóireacht* Féach an t-eolas seo a leanas: Pomes 1908; Dollar 1950; JOSH DOUGLAS 1990, 1992, 1995 agus an Catalogue of Dutch school and youngsters' books

DOUGLAS agus Leontine JOSH DOUGLAS - Smets,
Zwolle 1997. † Féach The
Meyer 1962 .

d'fhéadfadh a cheannach. Nó is dócha go raibh na
colporteurs gan deireadh a thugann ómós don aimsir níos
fuaire den bhliain, chuaigh siad go gach cuid den pháirc
go dtí a dtithe agus a n-áitreabh aitheanta le caitheamh
amach ag perusing. Ina theannta sin, an claonadh mall
sin a athfhoilsítear go minic ar feadh i ndáiríre perusing
cáiliúil D'fhan sealadach mar an gcéanna tar éis 1778 fós
Ciúin

tonn ar.
Ina ainneoin sin, tá codarsnacht lárnach amháin idir na
gnáthdhaoine sin a bhíonn ag aireachtáil caitheamh
aimsire, Where little agus ollmhór Uafásach tuiscint, agus
an Taste by which . i 1778 do tháinig an lá agus ar an
talamh a d'fhéadfadh sé go dlisteanach an Déantóir de
réir an ard-leabhar d'ógánaigh na hÍsiltíre a ghlaoch air.
Ní raibh an t-idirdhealú sin ann cibé acu admhálacha. Go
bhfuil leabhar, is cuma cé chomh mealltach atá sé, go
hiontaofa luachmhar agus teagascach is gá a úsáid le
bheith do chách Cás scoilte. Seithí sé cinn nua anseo
go . é féin más rud é ar dtús go sainráite go dtí go léirigh
páistí beaga de An intuigthe

orthu agus níor tugadh isteach tasc oideachasúil

riamh san Ísiltír ar bhealach chomh mealltach.

Cén chuma a bhí ar an idéal nua traenála seo

agus cén bealach ar ghlac Van Alphen leis sin?

ar                             rian

## Oideolaíocht na cinn nua

Sa chás go raibh daidí ag triúr fear beag ina Uas. JOSH DOUGLAS sna blianta seachtó d'fhéach sé go nádúrtha ar a eisiúint ag a n-óige. Ina theannta sin, an réasúnaíocht enlightened . ba ghnách leis a bheith ann nach raibh an fear trína chéile, dá mbeadh daoine aonair ag seasamh ach go minic fós, earráid chomh domhain a chur ar aghaidh chuig príomhionadaí. Ba bhreá leis é féin a shocrú go haonarach sa scríbhneoireacht leanúnach, inar chothaigh na cinn nua píosaí eolais faoi

Léirítear an t-ábhar faoin mbealach is fearr le freastal ar dhaoine óga an duine féin nó daoine eile le tógáil ó na blianta seasca lightning quick by Ábhar measartha soiléir go dtí go bhforbraítear ábhar guaiseach is suntasaí ag.

Modh teagaisc (Is é an focal díreach mar atá anois ná an nua!) rud gan choinne nuair a d'fhéadfadh gach saoránach rialta béim a chur air, i bhfianaise go bhfuil sé chun tairbhe éigin a thabhairt don duine aonair agus don tír trí ag brath. An té, ar an seans go raibh idé-eolaíochtaí an Athchóirithe, do-shaothraithe, a raibh muinín aige as monaraíocht an phobail i gcoitinne.

Bhí áitritheoirí ciallmhara agus mar sin de ghnáth ard-mheabhrach tar éis an doras oscailte a bheith i réim ag an aos óg.

Cár tháinig an modh teagaisc sothuigthe Mar seo as áit ar bith? Cé na cruthaitheoirí a leagfaidh sí amach í? Ina theannta sin, cad iad na torthaí a bhí aige sin ar leabhar na n-óg Ollainnis? Is léir go bhfuil cúis an-láidir ag teastáil le neamhchinnteacht a dhéanamh faoin bhfreagra le fada an lá: go ginearálta Locke, Rousseau agus Basedow (le dearcadh níos faide amach ó Comenius) ar an seans go mbeidh na toscairí ag baint úsáide as an modh teagaisc cinn nua seo, That It. youngster in are singularity finds and That himself also be earnestly in A new sort kids' book.

Dlite don Bhriotánach John Locke a phost ceannródaíochta as comhdhéanamh dáilte ginearálta i 1693: Cúpla breithniú a bhaineann leis an Scoil . rinneadh obair sa bhliain 1753 trí *é léiriú Pieter Adriaen Verwer a mheas arís ó phobal na hÍsiltíre. Chuir Locke béim iontach ar an bhfoghlaim imeartha in opportunity, ag deireadh an lae: ar an ag foghlaim lúcháir gur chóir go mbeadh an rogha ag ógánach a dhéanamh le bheith aige. Aisfhuaimniú ar an bhfuaim seo go fóill Trí i .s líne staonadh 'Tá mo chuid féin ag súgradh ag foghlaim, tá mo ghnóthachan ag súgradh' ó 'Ag dul chun cinn go suairc'. Is as faisnéis chuiditheach a fuarthas den chuid is mó a tháinig an gnóthú sin don Locke lag. Le ceol nó le véarsaíocht níor chaith sé mórán focal. Agus na páistí ag léamh, mhol sé go háirithe na scéalta le Aesop On, an chuid is fearr de na pictiúir.

Cé gur ar an mbealach seo a rinne Lockes comhdhéanamh sna blianta seasca agus sé fiafraí de na coinníollacha aimsire óige a achtaíodh, rinne Jean Jacques Rousseau i gciorcal níos fairsinge suaitheadh ar a Émile, ou de l'Education (1762). † I stíl dhiongbháilte d'iompaigh anseo isteach san oiliúint idéalach a léiríodh agus a thaispeáin do chás an ógánaigh Émile, a fuair A óige rialta, i bhfad ar shiúl ón domhan saothraithe (= scriosta).

Sampla bunúsach ag an leabhar clique seo do na cinn Nua Man used to be the adage: fág betijen, ná cuir aon rud as. Is gnách go n-aithneodh an duine óg an fhírinne nár dúradh trí thurgnamh a dhéanamh, lean cás a theagascóra. Tá chomh maith gan aon impulse in oideachas a chur ar buile. Tá sé go háirithe as-bonn do na páistí a líonadh le faisnéis fíor, a bhfuil siad fóntais agus an síneadh nach bhfuil a fheiceáil go fóill. Tagann gach rud ar thuiscint agus ar an mbealach seo coinnigh ar shiúl ó chun greannú a dhéanamh ar ógánach le coinbhinsiúin dochta. Bhí an ceann deireanach sin go hiondúil mar thrádáil chun é a chiceáil ag gach múinteoir baiste.

De réir an stáit, rinneadh Émile de Rousseaus tar éis dó a bheith ag taispeáint an 11 Iúil Tomhaltar go trédhearcach i bPáras sa bhliain 1762. Ar aon chuma, le himeacht ama, ba réasúnta an tionchar a bhí ag a smaointe oideachais san Ísiltír ar an gcaoi chéanna, is minic a bhí sí ar bhealach timpeallán trí dhaonchairdeas na Gearmáine. ‡ Ba é Johann Bernard Basedow a shaoiste, an ceannródaí i 1774 le It Philanthropinum ag Dessau, Scoil eiseamláireach ina raibh fócas cúramach na hEorpa ar fad faoi dhíriú go cúramach ar na smaointe soilsithe maidir le hoiliúint le Gründlichkeit Gearmánach.


Ba iad na caighdeáin sin: tacaíocht don fhéin-inspioráid; *
Féach freisin Samuel F. pickering, John Locke agus Leabhair Leanaí san Ochtú Déag

Century Britain † , Knoxville (Deich.) 1981.
Féach Walter Gobbers, Jean Jacques Rousseau
san Ollainn. Iniúchadh Cur isteach ar thionchar an
fhir agus It work (thart ar 1760-ca. 1810) , Ghent
1963; cuid uathúil IV: fáilte ó 'Emile'. ‡ Féach AWM
duijx, Na daonchairde. Cuireann liosta foinsí san
Ísiltír leabhair le JB Basedow, JH camp agus BC
G i láthair.

Salzman , A bheith i gceannas 1985.

solidifying iarbhír; scolaíocht amhairc, éadaigh i
dtreo na saoránachta cabhrach; oiliúint mhorálta
sa chiall iomlán Chríostaí trí léiriú léachtóireachta;
meastachán croíúil leanaí de réir Creat casta trí
rebuff agus luach saothair. Líon ceann a chum
Basedow é féin isteach mar 'chúrsa leabhar'
Elementarwerk (1774), léirithe go sólásach le go
leor eitseálacha copair ag Daniel Chodowiecki
aitheanta.


Eagraíocht daor a bhí sa Philanthropinum ag
Dessau go bunúsach, réasúnta díreach do dhaoine
óga den chéad scoth. In aon chás, cén tarraingt
iontas go príomha a úsáidtear a bheith Tá sé thart
ann léirigh taispeáint: na teicníochtaí treá, na
tástálacha poiblí ar go leor adharca agus chun
glaoch agus an roimh i bhfad

briseadh amach coimhlintí idir an deachtóir Basedow agus an fhoireann. San Ísiltír, ba le hanailís ar dhearcthaí daonnúla cumaiscthe an fhreagairt dá réthsisaighíreach in Amstardam a Alexandre Des-Londes cinnte i 1781 mar an gcéanna 'Maison d'Education' do 24 mac léinn de réir chreat Basedow. * Bunaithe ar na plátaí óna chuid Elementarwerk thabharfaí samplaí i bhFraincis agus in Ollainnis, geolaíocht, stair rialta, stair, oibriú amach, cumadóireacht agus líníocht, agus A míleata gach lá tháinig oiliúint tumbling a thabhairt. Mhair an lá scoile idir maidineacha 8-9pm, agus b'éigean do ƒ 65 d'fhoghlaimeoirí seachtracha agus 65 d'fhoghlaimeoirí inmheánacha fiú ƒ105 a íoc in aghaidh na ráithe. Ar aon nós, tá a fhios againn go rialta go bhfuil an scoil seo Bunaithe in Amstardam ar leith Deis timpeallán cosanta agus níl a fhios againn aon rud faoin gcur i gcrích inmharthana.

Basedows Sa bhreis air sin níor aimsíodh obair bhunúsacha ach tacadóir amháin san Ísiltír: an múinteoir Gearmánach JD Hahn Utrecht. Léirmhínithe an bhfuil sé anseo riamh. Níos éifeachtaí a bhí cumadóireachta beirt altrúists éagsúla: Joachim Heinrich Campe, an príomhscríbhneoir leabhar do pháistí ó

an ciorcal seo, a chuir srian i ndiaidh Bunaitheows
éirí den líne ag It Dessauer Philanthropinum a bhí
chun tosaigh, agus Christian Gotthilf Salzmann, a
bhí i 1783 ag Schnepfenthal a bhunaíocht oiliúnach
féin. Ar an gcuma chéanna déantar a gcuid scéalta
eiticiúla agus a gcuid machnaimh a bhreathnú, a
mhiondealú agus a athrú san Ísiltír. Is cosúil go
bhfuil tionchar mór ag leabhar na bpáistí Ollannach
air, in ainneoin go n-éalaímid uainn i ndáiríre ón
tionchar sin gach nuance. †

* Féach IH le Eeghen, 'A cheannródaíoch
Basedowse school in Amsterdam', san iris mhí go
mí Amstelodamum , jrg. 48
(1961), lch. 129- 132. † Féach Erfahrung schrieb's
und
reicht's der Jugend. Joachim Heinrich Campe mar
Kinder-und Jugendschriftteller Ausstellungskatalog
Staatsbibliothek Berlin, 1996; agus                    .
Visionare Lebensklugheit. Joachim Heinrich Campe
i seiner Zeit (1746-1816) , Wiesbaden 1996
(Ausstellungskatalog Herzog leabharlann Lúnasa
Wolfenbuttel).

Leis an mbreithniú inchosanta sin ar fad do
spreagthaí nua oiliúnacha éagsúla

Ó pheirspictíocht sheachtrach, mar sin féin, níor chóir dúinn a bheith aineolach ar bheirt de mhuintir na háite atá i bhfad níos eolaí ag cothú custaim: daonnach Críostaí, ina bhfuil breathnóirí ón ochtú haois déag ag Felines, Van Effen agus daoine eile, a bhfeiceann an t-óganach mar phlanda ar féidir é a chumadh le híogair. cumhacht.

Ina theannta sin, a Fheabhsaithe dian, a leagann an accentuation iomlán ar an chaimiléireacht phrionsabail ag gach fear agus an trepidation des Respectable men measann an príomh-mhodh smachta, * mar a tharlaíonn in De Geestelycke Queeckerye ag an Youngful Plants des Noble men [. .] Nó beart a dhéanamh ag Christelycke Training of Youngsters (1740) leis an bpríomh-mháistir Middelburg, Joannes The Swaf. Sa dá mhodheolaíocht, d'ainneoin, léirigh an machnamh agus ina theannta sin an t-adhradh go raibh sé dírithe ar an aos óg, agus mar sin ní mór an léiriú a thugtar isteach go minic ar chaidreamh tuismitheora-leanaí atá ann roimhe seo a leigheas go hiomlán. † Mar an gcéanna an pictiúr den phríomh-mháistir ón seachtú haois déag nó san ochtú haois déag mar jerk ceannasach leis na lámha saora agus scornach a bhí riamh póir ‡

dealraitheach nach bhfuil sa bhreis ar A
chartúin Go Tríd an oideachasóirí enlightened
beach mheala a bhforbairt naimhdeach fós
mar atá anois ag Le do thoil baineadh úsáid as.

Mar a tharlaíonn sé seo ar fud an domhain le
leabhar youngsters It chomh maith le It
tírdhreach níos fairsinge trí oiliúint in oiliúint
náisiún de dhá shruth, áit a sean agus an nua
ag an am céanna siúl. Ag an dá tá . ar
bhealach ceannasach a úsáidtear. Tugann
Are Little Sonnet For Youngsters moladh
anois is arís maidir le hábhar nó maidir leis an
úsáid a bhaineann siad as pictiúir Locke,
Rousseau agus daonchairdeas na Gearmáine,
ná aeráid Ar na seanfhile, mar a léirítear sna
nótaí anseo do gach sonnet faoi leith. Ach,
níos faide ná Comhthreomhaireacht éadomhain
ní théann an tuiscint sin riamh.
* Féach B. Kruithof, 'Instructive Counsel from
Fellines to Beets, Coherence and Assortment',
in: Schooling and Childhood 1983, lch.
169-178; LF Groenendijk, An Teaghlach um
Athchruthú Breise de. An fhís le Peter White
curd ar an bhainistíocht tí críostaí , Dordrecht
1984. † Maidir leis an láthair, an chomaoin
agus an fhís a bhí ag an ógánach sa seachtú
agus san ochtú céad déag

blianta, tá leabharlann iomlán líonta anois.
Tá sé soiléir soiléir, i measc nithe eile: Linda
Pollock, Leanaí Dearmadta. Caidreamh
Tuismitheoir Óg ó 1500 go 1900 Cambridge        ,
1983; Keith thomas, 'Kids in Early Present day
britain', in: Gillian Avery agus Juliet Briggs (eag.),
Leanaí agus a gcuid leabhar. A Festival of Crafted
ag Iona agus Peter Opie , Oxford 1990, lch. 45-77;
JOSH DOUGLAS 'An Phoblacht Bheag; an
teaghlach i scríbhinn Ollannach an ochtú 100 bliain
déag', i: Documentatieblad Werkgroep Ochtú Céad
Bliain Déag , jrg. 24 (1992), lch. 87-105; Sally
Kevill Davies, Na Leanaí roimhe seo. Na nithe
inbhailithe agus stair nó cúram na n-óg ,
Woodbridge 1994; Rudolf Dekker amach as an
scáth isteach sa solas dochreidte saor in aisce,.


Daoine óga i dtuairiscí féiníomhá de na Céad Bliain
iontach go dtí an Meon
                    , Amstardam 1995.
‡ [CF van Veen] i: Léann páistí/Léann daoine
óga lio,sta seónna uimh. 195 de Halla
Taispeántais Chathrach Amstardam, 1958, lch. 6.

**Beirt réamhtheachtaí Gearmánacha:
Ní bhíonn Weisse agus
Burmann** Van Alphen rúnda riamh faoi
dhá fhoinse inspioráide níos dírí a rinneadh.
In It preview until are *Taste* calls he if such
Weisses *song fur Kinder* [Leipzig 1767/1769]
and the *Kleine Lieder für kleine Mädchen
und Jünglinge* [Berlin 1777] le Gottlob
William Burmann.

An daonchara Críostaí Felix
Bhí Weisse (1726-1804) ar dhuine de na
daonchara sa Ghearmáin na céad scríbhneoirí
Go bhfostaíonn a gcuid peann deichniúr
*

molta ag an óige.                    Bhain sé an-
tóir ar a iris sheachtainiúil *Der Kinderfreund*
(1776-1782), a foilsíodh san Ollainnis freisin
a cuireadh in eagar, agus is iad *Neues ABC
Book* (1772) ár gcomhghleacaí JanHenry
Swildens spreagtha go dtí go bhfuil an
*tírghrá AB Book for the Dutch Youth*
(1781) . ). Ní haon ionadh go Van Alphen le
húdarás den sórt sin ar † réimse oideolaíoch

sásta a fhreagraíonn.

Toisc gurb é an tUasal Hieronijmus i 1778 don
Ísiltír an chéad bheart

dánta do pháistí fiáin le tástáil, a raibh
Weisse sroichte cheana féin i 1767-1769
don Ghearmáin lena *Lieder für Kinder* .

Caithfidh gur thug beart Weisse aghaidh ar Van Alphen ar an mbealach seo freisin, toisc go raibh an file Gearmánach ina athair den chéad uair le déanaí agus rinne na hamhráin seo dá chlann féin. Ina theannta sin, fuair sé an t-iomlán in amhráin Weisse ar bhuanna an tEolasaithe Críostaí ar bhealach a thaitníonn le leanaí ar an bhfoclaíocht.

. le Weisse are *Little lyrical Poem* (Leipzig 1772), inar taifeadadh gach ceann de na ceithre 'Lieder für Kinder' caoga a bhí ann freisin. Chuir Van seacht ndán ón Alphen seo in eagar: 'Der Horsam' ('It dogs'), 'Der Krausel' ('An barr ar snámh), 'That Freundschaft' ('An fíorchairdeas'), 'Der Winter' ("Amhrán an Gheimhridh"), 'That Mucke' ('The insolence'), 'Auf das Bildniß einer geliebten Mutter' ('Claartje ag an bpictiúr ag a máthair nach maireann') agus 'Das Bird's Nest' ('Is neadacha na n-éan'). ').

An anois ar fad dearmad Gǫttlob William Rinne Burmann (1737–
1805) aon ainm ar fhál sa stíl le Gellert. An bhfuil earraí dánta do leanaí, ach má tá Sin le Weisse, ar fáil duit féin a mhonaraítear séiseanna. Ach chaill sé sócmhainní amhairc seirbhíse, ionas go mbeidh comhaontú beach fiú ag

téama an éifeacht ar fad ag éirí ar shlí eile. In ionad a chur ina luí ar a chuid laochra beaga iad féin a labhairt agus é ina leanbh, cuireann sé i gcónaí iad i ngach sórt fadghaoth, teibí meabhrach.

* Féach faoi Weisse agus is *leanaí fionnaidh amhrán* iad : Brüggemann 1982, k. 86-93 agus 1250.
† An comhfhreagras seo idir . agus is cosúil go bhfuil Weisse caillte ar an drochuair agus iad imithe.
‡ Féach ar GW Burmann agus is amhráin do pháistí iad: Brüggemann 1982, k. 1298-1299.

buí sa bhéal. Eiseamláireach is ea Burmann ach Trí mheon tírghrá nua i bhfilíocht na bpáistí a thabhairt isteach. Chuir Van ceithre dhán in eagar óna bhailiúchán Alphen: 'Allgemeines bet' ('The true wealth'), 'Der Mirror' ('The mirror'), 'Vaterlandsliebe'

('The love until It Native country') agus 'Go raibh maith agat a haon Knaben beym Witter' ('It storm').

Má chuireann tú an t-aon cheann déag dán samplach sin taobh le taobh mar seo, ní shines Van Alphens fo-abhainn On Weisse agus Burmann.

beag. Ach labhair sé an fhírinne, nuair a dúirt sé gur thug sí cúnamh maith go leor uaireanta ar an gcrann péine ar shiúl, ach nach raibh aon rud 'aistrithe, nó tógtha ar láimh' amach aige. Cead comparáide cruinn go luath féachaint cé chomh mór agus atá na difríochtaí, cén chaoi a bhfuil . Is má bhuann file de ghnáth i gcoinne Weisse agus cinnte i gcoinne an Burmann sollúnta. *

Fós a thuiscint cén fáth nach bhfuil aon tóir riamh ar dhánta leanaí Van Alphen sa Ghearmáin chomharsanacht. D'fhéach siad beagán ró-chosúil leis an méid a bhí ann cheana féin mar a bhí go leor sa bhunaidh.

## Gnéithe liteartha: Tá sé marc cáilíochta ag an faoiseamh

Athraíonn sonnets na n-ógánach Van Alphen ó thaobh struchtúir agus ábhar de ó gach rud a scríobhadh san Ísiltír timpeall an ama sin. Gné uathúil is ea an struchtúr atá ag iompar clainne: níos suntasaí fós ó bhí a fhios ag scríbhneoirí Ollannacha, go háirithe ar an seans go raibh sé ar intinn acu a bhunú, nuair is gann go raibh a fhios acu. Ní raibh aon díolúine ag staonadh le deich, cúig véarsa déag le go leor treoirlínte. Tá an teanga mar an gcéanna an an- Go hiondúil gur tháinig an gearrthéacs Trí léamh amháin faoi láthair in It memory printed.

Laistigh den síneadh srianta sin, tá éagsúlacht iontach ann maidir le fad líne, struchtúr staonadh, comhcheilg ríme, scáthú ceoil, téamaí agus struchtúir sórtála. Rianaíonn duine scéalta áille ansin (go minic uamhnach, go bunúsach na sonnets is cáiliúla, mar shampla, 'The plum tree' agus 'The messed up glass'), malartaíonn, litir ríme ('Carel to his sister Caatje'), an cheangail cás amháin ('Welcome good tidings from Claartje for her young sibling'), véarsaí ('The Singing Willem') ar deireadh an bhailithe ollmhór sin go bhfuil an feidhmchlár ionadaíoch ag Créatúr nó mír a léirítear roimhe seo mar shiombail On It (mar shampla 'It canines' nó 'An t-éan ar an stól').

*
  Maidir leis an gcaidreamh féach: Pomes 1908, lch. 244-259, agus van Eck Jr. 1908, lch. 225-238, le foirceann inbhéartach. Mar a bhí Pomes ina sheasamh . scríbhneoir beach meala Weisse ná beach mheala Burman, a cathanna By Eck. Is é an iamb nó an trochee an beart bunúsach, ach i dtrí chás déanaimid rianú síos

rann iomlán inniúil ar thalamh agus ar uisce. Is eisceachtúil é 'The singing Willem', áit a bhfuil Willem (tar éis cur i láthair scéil i ngnáthbheartas an tseisiúin) ina ghleo onórach maidine i struchtúr ómóis. Is iontach an rud é go bhfuil Van Alphen fiú i sonnet a chuid ógánach níor sheachain sé bealaí éagsúla a fhiosrú maidir le véarsaíocht gan rím. A sé sonnets, faoina bhfuil an duine ar a dtugtar ' Portrayal by Dorisje', ag teastáil le cruthúnas a thabhairt go gcuirfí in iúl don fhear sin faoi chúinsí ar leith 'go n-éireodh an tír thart ansin On simple i dtaithí'. * D'ainneoin an éagsúlacht crutha seo, bunaíonn an t-iomlán nasc fíor-aonchineálach amháin mar gheall ar éiteas an Illumination a théann i bhfeidhm ar gach rud. The Little Sonnets for Youngsters are also similar to this tricky straightforward that fear ar éigean go mbíonn níos mó súl ag an bhfear cad é an cháilíocht is uathúla atá acu: Van Alphens excellent resources for in extremely pregnant language and in It briefest potential particulars A totally norms design, that by the íogair Maolú, airde ag a thabhairt.

Is é réaltacht na n-óg a léirítear anseo

thar a bheith léirithe go hiomlán ag mothú
an tsonais, de 'bríomhar' más focal faire.
Tar éis an tsaoil níl aon eagla ag ógánach
táirgiúil aireach: ní ón athair arb é a
'chompanach is gaire' é; ní ó Dhia a
ghlaoigh orainn 'áthas a dhéanamh', agus
is cinnte nach den fhear boogeyman.
Chomh maith leis sin níl aon rud scanrúil
ag dul i léig agus tá an nádúr go hiontaofa
Mór, ar aon nós, nuair a bhíonn sé stoirme.
Gach marcaíocht Mar sin, go dtí bród,
léirthuiscint agus comhlíonta: tréithe Sa

chás go bhfuil claonadh gnéasach níos
déanaí fhág stampa an éirí amach sa bhaile
orthu, ach iad siúd don ghnáthshaoránach
oilte amach san ochtú haois déag an
struchtúr is suntasaí ag karma déanta suas.
Níor cheart go ndéanfadh duine machnamh
dearfach ar aon chineál atreoraithe glórach,
ach ar an sonas isteach agus
comhsheasmhach sin a thagann ón
eolaíocht: téann gach rud ar siúl sa saol
seo mar atá beartaithe ag Dia éirimiúil chomh fada
agus atDo dhuine óg as timpeallacht shaibhir an
lucht oibre a raibh áit ag Van Alphen féin
inti is é an rogha dheireanach a bhí intuigthe
go bunúsach: ag foghlaim a chuid léaráidí.
In ainneoin nach bhfuil aon oiliúint
dhleathach ann fós éigeantach

ann agus a leithéid d'aos óg don chuid is mó
ach teagasc baile faoi rún bhí an gá le
scolaíocht intleachtúil foirfe, áfach, mar is
cosúil inniu.
De réir an scála fiúntach ag an Maolú eolas
bhí         seasamh díreach eitice. Cé
inept D'fhan botched mar an gcéanna an
deis a bheith ina duine iomlán.

Ina theannta sin, is é forghníomhú
athbhreithnithe iontach an bunús le haghaidh flúirse ábhar.
Ar aon nós béim . níl sonnets na bpáistí in
aon áit leis an dearcadh sóisialta seo.
Cuireann foghlaim áthas tús le rudaí amach.
Ní mór foghlaim, gach lá; except to learn is
likewise pleasant ('It bright learn'). Freisin,
níl aon rud níos spraíúla ná A read* JOSH
DOUGLAS from Alphen, Stomach related
Compositions ,
Utrecht 1782, lch. CXIX. leabhar pictiúir
réasúnta, cad é bréagáin traidisiúnta (banna
agus costas) Le do thoil tá shoved leataobh.
Déantar maolú breise ar an gcinneadh sin,
ar an bhforas gur measadh, go cóir,
d'ainneoin baill éadaigh agus bia mar an
gcéanna, mar chuid de na rudaí a chinn
'Innocent sástacht'. Cinntíonn sé seo gur
féidir le Little Claar ina 'Fáilte romhat' a
deirfiúr beag níos óige a dhéanfaidh a mháthair

mar an gcéanna bréagáin a cheannach di, nuair is féidir léi suí ar a lap. An rud measartha níos lú ná i gcásanna áirithe é bréagáin ach ba cheart iad a thrádáil le haghaidh léamh cúrsa chomh tapa agus a cheadaíonn an t-am? Labhraíonn Claire agus Keetje faoi sin Focal athmhínithe é: 'I gcásanna áirithe le súgradh, léitear cuid den am, / Is maith a bheidh an scéal amhlaidh'. Tá teagmhálacha agus imprisean na n-óg ó Kleine gedigten de chuid Van Alphen teoranta go ginearálta dá gciorcal dúchais féin athair, máthair, teaghlach a ndlúthchairde. Seasann an caidreamh teaghlaigh fócasach, trína bhfuil an ceangal adhradh idir na caomhnóirí ag éirí go mór le deimhniú. Níl bronntanais chostasacha ag teastáil ó ghrá dá leithéid: 'Thug Athair an phéitseog is fearr/le déanaí don mháthair le 'póg'. Cuireann baill eile den teaghlach (seantuismitheoirí, uncailí, aintíní, col ceathracha) am amú ag caint, bíodh is gur comharsana nó compánaigh an teaghlaigh iad. Feictear Cúpla uair ina choimeádaí talún, Daoine Eile iallach nó Sealadóir comhtharlaitheach ar It amharclann d'aithreacha beacha meala gan bheith i láthair má thugann siad treoir ar na céimeanna. Eisceachtúla an láthair seasamh ard Si

Saartje. An raibh a dtuairim féin ag an sinsear Weisse trína chéile ag an bpointe seo a raibh muinín acu as sonnets 'morálta' leanaí? * I gcás na bpáistí fantasies marsantas an chuid is mó múinteoirí Illumination hypersensitive áirithe, Betty Wolff gan eisceacht. . ansin léiríonn sé an-aoibhneas go soiléir A leanaí ag tabhairt cuairt ar an bheach meala Sarah, 'Our old great cook,/Who can tell fantasies', seoltaí 101 fiosrúchán agus na gasúir óga ar bhiatais bhainne seacláide.

Níos contúirtí ag casadh isteach an lánúnas daoine aonair Ní go dtí an ciorcal féin a bhfuil áit. Is aoibhinn le geataí na cathrach a bheith ina raic in aghaidh an chothromaithe Cosantóir ag tinte agus ag muintir, agus b'fhéidir go mbeadh an giúdach éadach a thumpann ar an mbealach isteach ann gan staonadh ag breathnú ach is cinnte nach bhfuil sé olc. is cosúil go bhfuil sé níos géire an teacht le chéile ar an mbóthar san aimsir níos fuaire den bhliain agus é fuar le hobo neamhghlan, 'who requests a dime supplicate'. Tá sé sin ag éirí gan datum dara machnaimh, ach amháin má tharlaíonn sé i 'Séis an Gheimhridh' Ach cuireann sé le tuiscint an mheasa ar an duine féin.

rathúnas agus tugann sé muinín san stoc-
eagraíocht aon dara On It falter.

Cén fáth chomh maith, nuair a bhí sé in 'It found it
melodies' Canann damanta mí-ámharach

comhlíonadh agus tuigeann tú féin nach bhfuil an
trádáil á dhéanamh ag fear saibhir: * 'ciceáil an

buicéad abgeschmackten Lieder der Amme und
Kinderwärterin' ( Christian Felix Weissens
Selbstbiography , 1806, lch 129).

Ní chaillim uaim ach go hócáideach, Ná bígí ag
ithe tonna níos díograisí, Ansin nó mé
féin ag bord an tiarna, Bíodh lá suite lá ar an lá.

Inbhéartach leis an traidisiúnachas cultúrtha seo,
go spreagfaidh leasaitheoirí antoisceacha na
hÍsiltíre, mar Gerrit Paape, smaointe agus

mothúcháin easaontais shóisialta a dhearbhaíonn
inchinn shoilsithe cúpla bliain i ndiaidh an scéil. Sin
nua

suí sé thar aon rud eile sa nonappearance ag gach
doctrinalism docht. In ainneoin gur Críostaí fógartha
é féin, tá saincheisteanna foirceadalacha go
ginearálta ag Van Alphen d'aon ghnó maidir le
peaca uathúil, míntíriú, heck, agus Paradise as
smaoineamh ar chlé. Agus gach rud san áireamh,
níl le déanamh acu ach áit a fháil i dtréimhse
scolaíochta níos déanaí le socrú a dhéanamh.

Gach rud a mheastar, éiríonn Dia neamhchiontach tuiscint ach amháin sa chás go bhfuil A athair comhbhách molta. Mar a d'fhéadfadh sé seo Tarlaíonn sé go bhfaigheann Jantje agus a chompánaigh samplaí i bhfíor-sheanchas, cumadóireacht, geolaíocht ('An dúil mhór') agus seinm cláirsí ('Mietje bij het harpsicord'), áfach go dtéann siad go séipéal, sagart nó tréimhsí a shábháil catechist.

Ar gach cuntas ní iad na fo-iarmhairtí amháin a bhaineann le modh múinte leasaithe. Aithnímid i sonnets leanaí .s 'An gean go dtí go dTír áitiúil' chomh maith faoi láthair mothúcháin dhíograiseacha nua, atá fós saor ó thuiscint páirtí polaitíochta anseo ó na 1980idí, nuair a thug Dílseoirí agus Orangists aghaidh ar a chéile ag chun seasamh. Sa nua-chlaonadh sin taispeánann claonadh díograiseach é féin A anam de réir chiall uirbeach Gur chóir go mbeadh an bheach mheala faoi láthair A leanbh beag a fhorbairt. Is ábhar é a n-oibreofar amach trí Jan Hendrik Swildens ina mhúnla Vaderlandsch Stomach Muscle Book for the Dutch Youth (178[*]1).

Bíodh sin mar atá, cé atá bunaithe ar an méid thuas

Tá sonnets ógánaigh Van Alphens don scríobh Athchóirithe ag obair amach, tá an ráiteas míthreorach a dúirt go fóill. Tá a fhios ag smaoineamh enlightened tar éis an tsaoil san ochtú haois déag cúpla athruithe Am Uafásach, nádúr, scáthú docht agus céim. Tá codarsnacht ag baint leis seo le Cabhair na Fraince lena chlaonadh achrannach go mór ón Oiriúint Chríostaí den chuid is mó sa Ghearmáin agus san Ísiltír, agus an Maolú i lár an ochtú haois déag, arb é an Ollannach Observer é Justus de réir dealraimh (1731-1735). a bheith, i bhfad níos mó béime ar smaointeoireacht léannta ná an Illumination íogair amach na blianta seachtó.

* Féach JOSH DOUGLAS , 'Leabhair ABC Ollainnis amach an t-ochtmhadh céad déag; saincheaptha agus forbairt', i: Jaap Terlinden ea, beidh A ina moncaí. Léirithe ar Leabhair ABC den Chúigiú 100 Bliain go dtí Amstardam 1995, lch. 55-72. i láthair,

Conas atá ag éirí le sonnets na bpáistí le Hieronijmus van Alphen maidir leis seo? Ní féidir leis an bhfreagra a bheith iomlán aonchiallach. I spotaí áirithe rianaimid fós réalachas íon na stuamachta machnamhach, mar atá

'De nádúr fiontraíoch': An
bhféadfainn m'fhuinneamh a infheistiú Ar
mhíle

fánach? k Ná bíodh aon bhuntáiste agat timpeall.
Ar aon dul leis sin tá an dífhostú leibhéalta

de réir gach tuairime (i 'Klaasje and Pietje')
trína ndéanann na Daoine Eile a ndícheall ag
an aon fheabhas amháin.

acmhainní:

Pietje, más rud é nach bhfuil tú in áit a bheith iontach,
Ansin, ag an bpointe sin, léiríonn an duine ar an dath

suas. Mar sin féin, is léir go bhfuil sé sin bréagach!
Lig dó teacht sa chás go mbeadh sé in ann.
An té a bhfuil muinín aige as a leithéid de

fhear, Is trí mheabhair a dhéantar é a fhuascailt.
D'ainneoin,

**Fáiltiú agus luacháil** Tá
Hieronijmus van Alphen léirithe freisin
mar fhile scríbhneoir liteartha-teoiriciúla
agus mar fhealsamh Críostaí. Anseo,
mar sin féin téigh Is dánta do pháistí
amháin iad na frithghníomhartha,
agus is ar éigean a bhíonn ról ag
gnéithe Sin Eile. Déanann sé sin rudaí a shimpliú.
Ach tá fadhb sheachbhóthar deacrachta ann i
gcónaí: na leanaí, le haghaidh Cé a téacsanna
seo Mar sin féin earraí atá i ndán, ní thagann tú
féin ar a mbreithiúnas aon áit láithreach san íomhá.

Déan an fear a thomhas de ghnáth Ádh mór leis
ag Saothar litríochta ar an gcéad dul síos On It
uimhreacha athchló nó aistriúcháin agus Ar an leis
na figiúirí scaipeadh comhfhreagracha.
Ar an drochuair ní mór dúinn ar an bpointe sin faoi
na fíricí beachta más rud é iarmhairt ag It smoke
screen atá leagtha síos ag an bhfoilsitheoir Van
Terveen. Níl a fhios againn ach go cinnte go bhfuil
an *Kleine Gedigten voor Kinder* suas go dtí thart
ar 1850 eagraithe i leaganacha éagsúla athchlóite,
cé gur gearr ina dhiaidh sin go raibh sí le feiceáil
cheana féin ar an gceol a cuireadh.
Ina dhiaidh sin, thit an t-ús go mór , fiú chomh mór
sin gur cuireadh tús le heagrán Iubhaile 1871
( Bronntanas *páirtí d' aos óg na hÍsiltíre* ) níor
scaoil sé a thuilleadh ansin.

eipeasóid. Go dtí foilseacháin Pomes agus
Van Eck i 1908 chuaigh na dánta 'sean-
aimseartha' do pháistí le Van Alphen faoi stiúir
arís, agus ina dhiaidh sin thug siad, mar a bhí,
aghaidh ar shaol nua: mar athchló beagnach
fíor-fhótagrafach do cheannaitheoirí neamh-
oideolaíocha. ceacht ach Cuardaíodh leabhrán
bronntanas tarraingteach de luach cumhach.

Conas mar a bhí meas ag lucht comhaimsire
Van Alphen agus iad siúd a bhí díreach i
ndiaidh na glúinte léitheoirí, *Small Poems for
Children* agus cén fáth a bhfuiltear ag
'nochtadh' sa spéis leath bealaigh tríd an
haois roimhe?

*

Ba é an chéad duine ar chuir Van Alphen i láthair i 1777
a chuid *Proeve van Small Poem For Children, a bhí*
neamhphriontáilte ag an am , a cuireadh isteach a úsáidtear chun

a bheith deartháir céile Rijklof Michael le
Goens. Fuair sé seo gach dán Míthaitneamhach
foirm agus ábhar don sprioc oiriúnach ach bhí
an bailiúchán Le feiceáil fós fairsing de 'aon
scéalta'. Dá mba rud é roimhe sin go
gcaithfeadh dhá dhán Eile a scriosadh a bheith,
b'fhéidir gur 'An fíorchairdeas' agus Alexis. Bhí
an chuma air go raibh an dara ceann ró-
phrósaiceach nó teibí dó, agus ba é an agóid
a bhí ann don chéad cheann nach bhfuil mórán tuairime ag lea

'cuddling' nó a bheith 'cuddly' 'in abairt crann péine ina We it conceive'. Bhí ar JOSH DOUGLAS ach an triail a bhaint amach am éigin

† ar an tornapa lena mhac Jantje.          Ón bhfíric gur cháin Van Alphen an dá dhán Gnáth ní mór a fhágáil chun seasamh, chun go gceadófaí dúinn b'fhéidir distract go bhfuil ar a laghad Tá leanbh leis seo datum formheasa.

In Litir níos déanaí faoin 21-23 Meitheamh 1800 pale By Goens fós le beagán díograiseach ifa ceathrú céad bliain roimhe sin: 'Die *Kinderlieder* sind wahre Meisterstücke, in ihre Art: sogut, if das best [...] was man in ‡ hata Sprache.'

            Is ann anois a tháinig sé le Argóint aisteach a bhain le hábhar Cén fáth a mbeadh dánta do pháistí níos fearr fós ná dánta Weisse, eadhon 'wegen den Christian Sinn, der in Pine tree Ihrigen herrscht'. Léiríonn an dearcadh seo, áfach, níos mó den Réveil reiligiúnach, contrártha le spiorad na hEolaíochta, trínar tháinig By Goens nuair a spreag sí é, ná mar a rinne sí go díreach On .s Small *Poem For Children,* rud go beacht mar gheall ar a n-easpa línte dogmatacha roinnt léirmheastóirí orthodox go raibh agóidí , ardaithe aige. Clarisse le haghaidh

mar shampla, d'admhaigh sé (le gach
urraim chuí do Van Alphen) go raibh a líne
'En tot happiness created' ó 'The childlike
happiness' deacair dó a réiteach
le          an          Calvinist
**

predestination.
* Ní dhearna cáineadh teagmhasach mar sin
  ón taobh Cheartchreidmheach Críostaí, idir
  an dá linn, isteach ar an dochar ba lú On .s
  clú más file leanaí. Agus nuair a bhíonn
  bréige ItBest proof ádh mór, ná mar is féidir
  le duine a rá go bhfuil dánta do leanaí ar
  feadh na mblianta an seó a chur faoi réir
  Féach freisin The Freeze 1981.
† Litir ó RM van Goens chuig Hieronijmus van
  Alphen, gan dáta [1777], K . B . 130 D
  14.Déan comparáid idir J. Wille, *Fear na
  litreacha RM van Goens agus a chiorcal* . An
  Dara Cuid, curtha in eagar ag P.by der Vliet.

  Amstardam 1993, lch.     , 'Litreacha le Rijklof
  246. ‡ Féach JOSH DOUGLAS Michael le
  Goens On JOSH DOUGLAS .', in: *Bileog
  dhoiciméadacht Meitheal an Eighteenth
  Century* XX/2 (1988), lch. 175- 176.
  ** Clarisse 1831-1832, lch. 120.

rogha agus foirm. An oiread sin go

gach rud a bhí san Ísiltír sna blianta sin bhí an

chuma ar an scéal gur macalla beag nó mór

d'fhilíocht na bpáistí de chuid Van Alphen layman.

Uaireanta tharla sé sin freisin Trí fhilí leanaí níos

déanaí má chearca Peter sé, gearrthóir crios

Henry, Dirk Faoi Uisce agus JFL
*
Muller aitheanta go hoscailte.

  I lár na naoú haoise déag, áfach, bhain Van

Alphens cáil amach mar fhile do leanaí Léim

uafásach Tríd an gcúiseamh ag an

unchildishness.Once PA de Génestet ina véarsa

scéal 'De Sint

Nikolaaseven' ó 1849 cheana féin † buille fí do

Hieronijmus, tháinig an t-údar céanna i 1857 roimh

an éisteacht chéanna arís ar an ábhar. Tá sé mar

léacht beartaithe athshlánúcháin *Ar*


‡ Mar sin féin, bhí níos mó de charachtar fear a

d'oibrigh amach i bhfilíocht na *bpáistí ,* pass On It

deireadh leis an méid a d'impigh Trí Chomhbhrón

le dea-rún Van Alphen. Is eol go maith agóidí

Geneset, mar gheall ar arís agus arís eile céad

uair: is dea-mheon Hendriken é sin

Van Alphen ag éisteacht rian, ar feadh beagán bréagach mura sláintiúil. I bhfeidhm ag leanbh na bpáistí at are , stilt . é féin thuas ina lucht éisteachta óg.

Is é an ceann deireanach sin Cinnte I gcás, mar a bhí ag léirmheastóir gan ainm cheana féin i 1798 bunaithe. <sup>**</sup> Ach tá sé chomh fíor céanna go bhfuil an dearcadh 'buachaillí daingean, guys diana' as a An Génestet a líomhnaítear a ionsaí pedantic maitheas, i idéalach a bhfuil an teorainn ama céanna. An uair seo ní ón tSoilsiú ach ón Rómánsachas Ollainnis.

Rinne an Geneset achomharc air féin bee are attack on It dar leis an tsamhail faisin i bhfad níos mó ag an buachaill Ollainnis go bhfuil Hildebrand in are *Camera obscure* Ba chóir go mbeadh imlíne. Ach beets féin thóg sé anois le haghaidh . ar: cad a chuma righin faoi láthair, a úsáidtear chun beocht, san ochtú haois déag, úr agus bunaidh; bhí orthu é a phlé ina seasamh dánta do pháistí breitheamh in It light by their own time.

Cén chaoi a bhfuil sé sin freisin má tá, leagann sé éifeacht ag The Gene cáineadh a úsáidtear a bheith * Féach le haghaidh na leanúna Wirth 1925, caibidil III : 'In Van Alpha's footprint'. † PA an geneset, 'Sint Nicholas Eve. Scéal Amstardam', rann LXVII de

nóta comhfhreagrach; pas foilsithe san
athchló ag Tá *First* Poems(1860).
‡ The Geneset 1858.
\*\* 'Is iomaí rud a chiallaíonn an t-eolas a
thógann sé a bheith acu, agus fiú leabhair
faoi sin le scríobh, a thaispeáint nach
dtuigeann siad rud ar bith de. Labhraíonn
siad, agus réasúnaíonn siad, leis na leanaí,
ar bhealach mar go mbeadh na tuiscintí
agus an t-eolas céanna acu agus atá acu
féin. [...] Níl a fhios aici zig san áit a bhfuil
leanaí ag socrú, agus go dtí go n-íslíonn a
gcoincheapa childish. Thart ar an áit sin na
peidíní beaga, i leabhair na bpáistí ag
cearca fraoigh, ., cearrbhach agus
eile.' ( Tábla *na Moráltachta, an Oideachais,
na Foghlama, an Bhlais, agus an tSoilsiú, i
sean-Chúige na hOllainne, i ndeireadh na
hOllainne, i ndeireadh na hOllainne, i
ndeireadh an ochtú haois déag. Cuidiú le
hathchóiriú an oideachais agus na
scolaíochta i*
bPoblacht na Bataiví. Le *Cosmopolitan* ,
Amstardam 1798, lch 58-59). gur chóir
breathnú ar *Small Gedigten for Children*
Van Alphen as seo amach le súile éagsúla
chun breathnú ar. Earraí sí, go Mar seo ag
rá, ag an lá amháin ar an Daoine eile a
bheith sean-aimseartha. Agus bheadh sé níos mó ná An

Ba mhaith a ardú, sí Tá sé anois (i gciorcal eolaíoch) má oideolaíoch-stairiúil séadchomhartha, nó (leis an bpobal i gcoitinne) mar i gcuimhne cumhach ar am atá caite i bhfad. Téacs a shroicheann cead pas díreach clasaiceach a bheith ainmnithe.

## Modh de réir Eagrán

Ní fios comhdhéanaimh sonnetaí páistí Van Alphen, agus ní féidir aon cheann díobh a mhacasamhlú le téacs agus plátaí sa chló is luaithe gan staonadh. Is é an rud a aimsíonn duine i seachadtaí luatha ná struchtúir soiléire go ginearálta d'eisiúintí éagsúla de Proeve, Vervolg agus Tweede Vervolg de chodarsnacht theagmhasach de théacs nó de mhiontuairiscí. Is féidir le géire na n-inscríbhinní athrú go hiontach, fiú taobh istigh de dhúblach amháin.

Chomh maith leis sin, an ndéanann beach mheala ilchodach dá leithéid de na leatháin chlúdaigh éagsúla a bhaint de ghnáth agus a chur in ionad Trí Theideal ginearálta.

Díreach ós rud é go ndéantar normalú ar leith ar scaoileadh comhiomlán ceadaithe 1787, áfach, seasann sé seo ar Occupied in duodecimo design Faoi láthair deireadh ag an bhfíor 'Van Alphen with the lines'. Tá sé seo, ar ndóigh, céim i bhfad níos soiléire do na '. de na caipíní 'amach 1821, That solely interest esteem has.

Is é an leagan seo den téacs roimhe seo, an méid atá sa Taste Re, i bhfianaise It a dhúbláil leis an bpríomhchló leis an Leabharlann Illustrious (comhartha. 1090 E 109) agus le haghaidh Casadh agus Dara Leanúint ar dhúblaigh den scaoileadh príomhoide faoi mo smacht ar an bprionta aonair is mó a bhfuil eolas air (b'fhéidir ar dtús) ag na plátaí. Ar mhaithe le slándáil níos mó tá codarsnacht beacht idir na téacsanna agus na dúbailtí luatha eile, áit a bhfuil na hailt leabharliostaí nua le LG Saalmink mar mhodh suntasach chun rialú a dhéanamh ar bhlainseáil.

Don dá sonnet do dhaoine óga a dáileadh tar éis bháis ag Clarisse tá anseo freisin an chéad phacáistíocht Occupied out 1836 ina dhiaidh sin. *

Tá ár leagan téacs iomlán straitéiseach cosanta ag an gcéad litriú agus aclaíocht. Tugann sé sin le tuiscint go bhfuil nasc briathartha mar an gcéanna

Clarisse, 'Ar Hieronijmus van Alphen, mar scríbhneoir agus ealaíontóir óg. déantar aithris chruinn ar dhá léamh,
Rotterdam 1836. mar a cuireadh i gcló ar dtús iad. Feabhsaithe tá cúpla botún priontála soiléir, atá ag éirí níos fógra ná sa mhíniú.

Is iondúil go n-athraíonn téacs a bhfuil stair chomh fada priontála aige le himeacht na mblianta dul trí athruithe gan choinne agus de thaisme tar éis roinnt ama:

athruithe litrithe, accentuation, úsáid focal agus uair amháin ar feadh tamaill mar an gcéanna de réir ábhair. Ós rud é nach bhfuil sí ar aon nós curtha i bhfeidhm ag an scríbhneoir féin agus go ginearálta dáta ó i bhfad níos déanaí, chun go mbeadh sí anseo ar chúpla cás speisialta tar éis an machnaimh ón taobh amuigh.

An cás speisialta sin Maidir le leagan an bhailitheora 1787, Where . is dócha go bhfuil tacaíocht mhaith fós. Chomh fada agus a bhí sé sin i gcodarsnacht leis na trí phacáistí a bhí ann roimh chuma aonair go dtí gur tháinig athruithe suntasacha chun cinn, is é an méid a léirigh ár míniú freisin.

Aisteach go leor: tá sonnets leanaí Van Alphen, in ainneoin go bhfuil áit sheasta acu sa ghrúpa ag an scríbhneoireacht Ollannach nár léiríodh riamh i struchtúr soiléirithe. Is léir go raibh a n-iarrachtaí soiléire gan iarraidh ar gach soiléiriú do roinnt daoine. Idir an dá linn is é an comhleanúnachas soiléir sin ná gur ficsean é an comhleanúnachas soiléir sin le fada. D'fhéadfaí a chur in iúl le figiúr chomh bunúsach cainte sin sleamhnú suntasacht an fhocail agus ar an mbealach seo an fad síceolaíoch idir an téacs agus an léitheoir Is é is soiléire faoi deara ag éirí. Sin anois seo chugainn A'. of the join's agus A'. of the caps' for It first likewise A'. Mar sin is obair thábhachtach í, mar sin, le clúdach chomh leathan agus is féidir ar léitheoirí chun an fad sin a nascadh. Ag an am céanna, mar sin féin, léiríonn sé spéis shóisialta i scríbhneoireacht ár n-ógánach san ochtú haois déag, rud a chuir an tUas.

JOSH DOUGLAS i 1778 tá an shiúl buailte.

Cé gur ullmhaíodh an t-eisiúint téacs seo go praiticiúil don phreas i 1995, tá raon leathan cúiseanna leis ach is mór an onóir di a bheith cinnte go bhféadfaí an cló a dhéanamh. Bhain an buntáiste breise leis an moill seo ná gur beag dáileadh déanach timpeall ar scríbhneoireacht na bpáistí san ochtú haois déag, rud níos soiléire faoi sonnets na n-óg le JOSH DOUGLAS fós in epilog agus trácht comhdhlúite a d'fhéadfadh    ., iompú isteach.

Gabhann Satisfy buíochas le I prof. dr. Is iad EK Grootes do bheach mheala na foirne atá á bpleanáil ag an Eisiúint seo agus le haghaidh fonn leanúnach mianach.

**AN DEIREADH**

**Cur síos** Is éard
atá in "Small Poems For Children"

raon iontach de véarsaí a bhfuil sé
mar aidhm aige breith ar aigne na
n-ógánach. Ó scéalta
capriseacha faoi chréatúir ag
caint go fíormhachnamh ar ghaolta
agus ar mhuintir, cuireann an
leabhar seo raon éagsúil
d'ábhair agus de stíleanna ar fáil
chun go mbeidh slua mór páistí páirteach ann.

Cibé an bhfuil tú ag tóraíocht le
do leanbh roimh luí nó ag
cuardach modh iontach chun véarsa
a thabhairt isteach sa halla staidéir,
is é "Small Poems For Children"
an síneadh iontach ar aon
seilf do dhaoine óga. Agus a
imlínte mealltacha agus a chuid
rannta riachtanacha, is cinnte go n-
iompóidh an leabhar seo isteach i
ngrá #1 i bhfad amach anseo.